网络空间视阈下中国篮球迷群的
身份认同建构研究

姚 鹏 著

九州出版社

JIUZHOUPRESS

图书在版编目 (CIP) 数据

网络空间视阈下中国篮球迷群的身份认同建构研究 /
姚鹏著 —— 北京 : 九州出版社 , 2025. 5.—— ISBN 978 –
7-5225-3940-9

I.G841

中国国家版本馆 CIP 数据核字第 20259DH485 号

网络空间视阈下中国篮球迷群的身份认同建构研究

作 者	姚 鹏 著	
责任编辑	赵恒丹	
出版发行	九州出版社	
地 址	北京市西城区阜外大街甲 35 号 （100037）	
发行电话	（010）68992190/3/5/6	
网 址	www.jiuzhoupress.com	
电子信箱	jiuzhou@jiuzhoupress.com	
印 刷	广东虎彩云印刷有限公司	
开 本	787 毫米 × 1092 毫米 16 开	
印 张	11.5	
字 数	184 千字	
版 次	2025 年 8 月第 1 版	
印 次	2025 年 8 月第 1 版	
书 号	ISBN 978-7-5225-3940-9	
定 价	68.00 元	

目录

第一章　引　言　001

　　第一节　选题依据　002

　　第二节　研究意义　011

第二章　文献综述　013

　　第一节　迷文化研究　013

　　第二节　媒介与身份认同建构研究　030

　　第三节　"体育迷"研究　033

　　第四节　理论基础：观展/表演范式与文化认同理论　040

第三章　研究设计　051

　　第一节　研究对象、范式、路径与方法　051

　　第二节　研究设计说明　056

　　第三节　研究框架　066

　　第四节　相关概念界定　067

第四章　"篮球迷"身份的自我认同建构　073

　　第一节　篮球迷自我认同建构的基础：媒介渗透　073

　　第二节　篮球迷自我认同建构的起点：自恋　081

　　第三节　篮球迷自我认同建构的驱动力：想象　092

　　第四节　篮球迷自我认同建构的终点：展演　098

目录

第五章 "篮球迷群成员"身份的群体认同建构   124

  第一节 篮球迷认同的演变   126

  第二节 篮球迷"多重边界"的群体认同建构   131

  第三节 篮球迷群的"共同体想象":群体认同建构的重要源泉   149

  第四节 篮球迷群的"展演":群体认同建构的重要环节   158

  第五节 篮球迷群的文化认同碰撞   162

第六章 结论与建议   166

  第一节 结论   166

  第二节 建议   168

  第三节 对未来研究的展望   169

参考文献   170

附 录   177

  附录A 篮球迷访谈提纲   177

  附录B 篮球迷访谈知情同意书   179

第一章
引　言

随着篮球馆内的灯光逐渐变暗，原本喧嚣的观众席瞬间安静了下来，相互邻近的篮球迷甚至能感受到彼此的呼吸与心跳，在这一刻，每一个人似乎都在期盼着什么。突然，一大束聚光灯打在球员通道处，伴随着现场主持人极富激情的开场介绍，球员们悉数登场，并向人群展示着自己独具魅力的出场仪式。一瞬间，整个球馆像是被引爆一般重新燃起激情与活力，观众席上球迷们的尖叫声与呼喊声不绝于耳，仿佛今天所有到场观赛之人皆是为了欢呼与呐喊而生。此时此际，他们不在意周围的人群是否陌生，仿佛所有人融为一体，一同呼吸，一同振臂呐喊，一同欢呼雀跃。现场不论男女老少，皆已做好了释放激情与能量的准备。随着比赛的进行，双方球员在赛场上你来我往，奋力拼搏，尽情地向人们展示着高超的个人技艺以及团队战术的魅力。一次次闲庭信步般的突破、势如破竹般的灌篮、遮天蔽日般的盖帽、疾如闪电般的反击，不断地给予现场观众强有力的视觉冲击，点燃现场球迷狂热的观赛激情。

与此同时，还有这样一类人群：他们无法亲临现场观看比赛，但是赛事直播、实时互动等网络化与数字化技术手段的应用，使他们得以通过虚拟的网络空间，摆脱现实世界中物理距离的限制，与那些在场边观赛的球迷一样，共同沐浴在这场盛大的派对之中。在没有物理边界的网络空间里，这些散落在赛场外各个角落的每一个观众，都有着属于自己的"第二现场"。在这个虚拟的空间里，他们不仅可以利用互联网技术，通过电脑或者手机等信息化产品实时观看比赛；还可以借助社交网站或即时通信软件等媒介方式，通过各种文字符号和表情来直抒胸臆、挥洒热情，激发与其他球迷之间的共鸣。

这真是一个无比神奇的时空：大学教授与务工人员，对一次精妙的"传切配合"有着相同的认知与见解；爷爷与孙儿，正以一种"相互敌视"的姿态，分别为各自支持的球队或球员呐喊助威；企业家与小职员，正在为同一个精彩进球而振臂高呼。不管你此前是谁，背景和地位如何，当此之际，你与所有观赛之人别无二致，都是篮球这项体育运动的忠实信徒。在这一刻，人们摒弃了性别、国籍、语言、肤色以及种族的巨大差异性，身份各异的个体无比自然地融为一体，共同构成"唯篮球是尊"的特殊受众——"篮球迷群"。此时，每一个人的喜怒哀乐都寄托在球场上这些奋力拼搏的球员们身上，个体与群体的情绪与体验感同身受。

这是当前新媒介时代下，全球化与网络化所共同缔造的中国篮球迷建构认同的真实写照。然而，这仅仅是当今消费主义浪潮中"迷文化"的一个缩影，以及后现代主义中多元认同的一个触角。当不同背景、国家、民族以及文化间的碰撞与交融成为当今社会发展的常态，那么人们所一直追寻的"我是谁？"以及"我们是谁？"等问题的答案会产生什么样的新变化？在信息化时代背景下，网络空间成为人们获取资讯、形成认知的重要场域，那么，在新的生存方式中，当代主体要怎样去建构起"自我认同"与"群体认同"？

第一节　选题依据

一、数字化生存下的身份认同危机

当今社会，伴随着数字技术的飞速发展与互联网科技的广泛应用，人们感知世界以及建构感知的方式，较之以往，正在发生着翻天覆地的变化。"数字媒介"业已全方位渗透到人们的日常生活之中，成为后信息时代人类生存与发展的必备工具以及主要内容。手机、即时通信软件、移动办公设备、社交网站等各种信息化产品和服务的广泛普及与推陈出新，带来的不仅仅是科学技术上的突破，同时也引发了一系列深刻的社会变革。数字化、网络化以及信息化的不断发展，催生了"数字化生存"这一全新的人类生存方式，即运用数字化的技术手段，在虚拟的网络空间中进行着信息的接收与传播、人际交流与互动以及日常的工作与学习等[①]。数字化生存代表着一种全新的社会状态和生存面貌：一方面，网络社会的崛起使得作为传统身份依据的国家、地域以及宗族的影响力正在不断地遭到侵蚀，不同种族、文化与社会背景的人们开始在互联网这一共同场域内进行价值观与文化间的交流与碰撞，各种观念在此冲突乃至重构，网络空间逐渐成为现代人争夺话语权的主要阵地；另一方面，数字化生存方式下传播科技的"无限赋权"，则在不断地改变和重塑着我们的生产方式、思维

---

①尼古拉·尼葛洛庞帝.数字化生存[M].胡泳，等译.北京：电子工业出版社，2017：228.

方式、行为取向、社区形态以及我们的"认同"[1]。

所谓"当代认同"指的是个体在其所处现代社会中塑造而成的、以自我为轴心所展开和运转的对自我身份的识别与确认，是以"我"为圆心去审视"他者"的一种"主我"与"客我"的和谐与统一[2]。其中，"主我"是自我的一种深度感和向内感，"客我"则是自我与他者之间相互影响、相互造就的社会关系，而"认同"就是这种关系中的"我"的位置感与归属感[3]。同样的，这种个体的位置与归属即我们通常所说的"身份"。与之相对应的，人的认同可大致划分为自我认同和社会认同两大层面。亨利·塔菲尔（Henri Tajfel）认为，自我认同是基于个体经历所形成的作为反思性理解的自我，即"我是谁"，而自我认同的过程实则是个体的一种内在化；社会认同则是个体认识到其归属于某特定社会群体，且意识到这一群体成员身份所带来的情感与价值意义；个体的社会认同是人们在特定情境之下对群体的特定文化、信念以及价值观等的一种共同立场，即"我们是谁"[4]。由于传统社会的流动性和变化性都很小，受相对稳定的血缘关系、阶层地位、宗族家法、种族习俗等因素的限定，个体的身份地位是既定的，人们很容易在稳定的社会秩序中明确自身所处的位置和所属的群体，从而明白自己应该扮演的角色，相对而言很少存在"我是谁""我们是谁"等问题的困惑[5]。

然而，现代性伴随着数字技术的飞速发展已将当代主体裹挟进网络空间这一全新的生存领域，传统与历史的体系在此不断地被打破乃至重构。在虚拟世界里，"传统的逝去"与"权威的瓦解"意味着"共同体"的离散，原本被尊崇的"价值"和"意义"逐渐丧失，告别传统空间的人们在流变中失去了心灵的寄寓之所，孤独感、焦虑感、缺少归属感则成为当代个体普遍面临的顽疾。于是，失去传统精神家园的现代人试图去重构"认同"。然而，身处眼前这个媒介化社会的当代主体，早已被隐藏在不同国家、不同种族、不同背景下的各种纷繁复杂且变幻莫测的文化景观所包围，无时无刻不承受着多元价值观的冲击。后现代自我已不再拥有深度性、整体性和一致性，而是被分化成了支离破

①曼纽尔·卡斯特.网络社会的崛起[M].夏铸九，等译.北京：社会科学文献出版社，2006：1.
②王成兵.对当代认同概念的一种理解[J].学习与探索，2004（06）：18-19.
③乔治·H.米德.心灵、自我与社会[M].赵月瑟，译.上海：上海译文出版社，2018：174-175.
④Henri tajfel.Differentiation between Social Groups:Studies in the Social Psychology of Intergroup Relations[M].London:Academic Press,1978:63.
⑤李旭.当代中国文论话语主体建构与身份认同[M].北京：中国社会科学出版社，2018：38-39.

碎的变数①。网络空间中文化要素的异质化、多元化以及碎片化特性，使得重塑传统社会那种一致性、刻板性以及稳固性的认同成为乌托邦式的幻想，原本不成为问题的"身份认同危机"也日渐成为当今社会面临的主要困境之一，具体表现为：

其一，尽管网络空间的开放性以及转瞬即逝的交往方式让人们在一定程度上摆脱了时间和地域的限制，增加了人际交往的便捷性与亲近性，使得相互陌生的个体之间很容易在虚拟的时空里达成亲密的情感关系。但是相应的，网络空间中的虚拟交往对个体的判断力有着更高的要求，人们需要对素未谋面的陌生人是否值得信任作出正确的判断，而这种信任实则是与自我认同的确立紧密相关的②。当网络空间中的个体无法再凭借诸如宗族、信仰、血缘、国家等传统的认同建构因素来界定自我，那么，失去了固定参照的现代人便无法理智地在虚拟交往过程中标定自身的位置，此时，安全感的缺失以及对自我认同的焦虑便会随之而来。

其二，虽然网络社会的崛起使得人们的活动领域得以不断拓展，个体得以在虚拟的世界里跨越时空的长河，摆脱空间和距离的限制。但是，随着人们在虚拟的空间里不断迁移流动，穿梭于不同时空的主体会变得逐渐丧失对方向和位置的感知能力。人们会越发觉得，在网络空间里我们好像无处不在，又好像无处可在。对于集体认同而言，这一"变化"带来的冲击则尤为强烈，最为明显的结果就是导致传统社会里群体、民族、国家等"想象共同体"的离散，而这种"想象"的背后实则是国家记忆、民族文化所共同塑造的群体认同。当网络社会里地域性、差异性、文化性以及民族性逐渐退去，那么，群体认同焦虑也就随之而来。

其三，随着人们对互联网依赖程度的日益加深，现代人在虚拟空间的投入度甚至超过了真实世界，"网络浸泡"已成为当代主体日常生活与人际交往的常规状态。相较于传统的在现实世界中进行人际的真实互动与情感维系，现代人更钟情于通过诸如微博、互联网社区、抖音、朋友圈等网络平台或媒介工具来进行虚拟交往与自我展示。这一转变导致人们对于"自我""他者"甚至整个社会以及世界的感知素材，更多的是来源于虚拟的世界而非现实的世界。然

---

① 道格拉斯·凯尔纳. 媒体文化：介于现代与后现代之间的文化研究、认同性与政治[M]. 丁宁，译. 北京：商务印书馆，2013：397.
② 胡泳. 比特城里的陌生人[J]. 读书，2007(09)：40-49.

而，网络空间虽然戏仿甚至部分重现了现实世界，但永远无法成为现实本身。"互联网浸泡"弱化了人们对于现实世界的感知能力以及与现实世界之间的联系，而一旦人们从虚拟的网络空间抽离出来回归到现实世界中时，主体便会陷入无所适从的状态，对于自我的认知也变得残缺不全，从而变得愈加的空虚、不安、孤寂、失落。诚然，我们不可否认网络空间为当代主体提供了理想的"现实世界补偿与防御效应"的土壤，在虚拟的网络世界里，人们在现实世界中所遭遇到的困境仿佛都可以在此得到很好的解决。例如，胆小怯懦的人可以通过角色扮演类游戏，化身为竞技场中的绝世英雄；多次经历过感情失败的人可以摇身一变成为受失恋者追捧的情感博主；平民百姓可以在各种时政类论坛中畅谈国事；身体受限的人则可以通过浏览他人的游记，自由地穿梭于世界的每一处角落。但是，一旦人们将网络社会中"虚拟的自我"看作是真正的自我，那么主体将会日渐丧失分辨虚拟与现实的能力，导致人们将现实生活中那个"不完美的、不尽如人意"的自己"边缘化"，而陷入网络空间那个"虚拟幻想的身份"中无法自拔。于是，"我是谁""我们是谁"等问题的社会基础，被"我想要成为谁""我们想要成为谁"的虚拟身份游戏所摧毁，人们对于自我、他者以及现实世界的认知逐渐遭到破坏，并由此催生了普遍的群体身份焦虑[①]。

二、迷群体：当代主体认同研究的关键切入点

危机与机会常常是并存的。数字化生存方式的出现以及网络社会的崛起在给主体带来某种程度的"身份迷失危机"的同时，也给现代人带来了更高的"自我赋权"以及"心理补偿效应"，这为当代主体搭建"自我建构与重构"提供了一种新的路径。网络社会中"身份"的虚拟性、多元性以及易得性，使人们有机会得以卸下真实世界中的层层面具与种种枷锁，随时随地切换与创造出一个全新的理想型自我。不同于现实世界的身份，这种网络文化下的"自我"则是一种"虚拟的化身"，它不再受制于现实世界里那种传统的、统一且稳定的社会系统与日常行为逻辑的影响。在虚拟的网络空间里，"人们一方面借助互联网的隔离，隐藏部分抑或全部现实世界中的身份，转而利用自己所选择的'昵称'或者'代号'来重新塑造出一个或者多个自我，并在多个身份之间自由切换、摸索与试探；另一方面，由于自我认同必须在与他者的关系中逐步建立，互联网也使人们得以跨越时间、空间以及生理上的掣肘，与网络社区中的其他人共

①李思思.赛博空间中韩流迷群的身份认同建构[D].浙江大学，2017：4-7.

同投入一个探索自我认同的游戏之中，进而在幻想的交互感应下强化这一过程的效果，以及对个人心理的影响"①。

数字化生存下当代主体的这种虚拟互动以及情感诉求，促使现代人在网络空间中聚集在一起，形成了各种各样的新型社区——虚拟社区。网络空间中虚拟社区的建构跨越了时间、空间、地域、民族以及国家的界限，由主体的兴趣偏好所缔结而成，并用以帮助社区成员界定或者重构自己的群体身份。在这种虚拟社区内，当代主体可以减少甚至免去大部分现实世界里的规则束缚，借由自我假定与文本书写去自由地建构其群体身份。其中，各种类型的"迷社群"无疑是最具代表性的存在。以当今社会我们经常听闻的各种影视迷群、动漫迷群、游戏迷群、体育迷群等为例，在这些以主体兴趣爱好——如美剧、日漫、网游、体育明星等——为对象所建构的迷群中，失去了传统自我认同参照的现代人会更加容易找到其归属感与认同感。

不可否认的是，现如今我们身处的社会已日趋数字化，网络媒介业已全方位地融入了当今社会的方方面面，数以千万计的现代人通过各种网络虚拟社区，以及与之相关的"赛博文化"（cyber cultures）来进行着日常间的交流与互动，同时自由自在地创造和书写着新的社会文化。其中，"迷文化"无疑是最为突出的媒介景观代表之一。在突飞猛进的互联网科技以及日新月异的新媒介产品的共同加持作用下，传统主流媒介对当代主体认同的建构影响已日趋式微。网络媒介的无中心性、碎片性以及开放性等特点，在一定程度上消除了真实世界里国家、权威、阶层、宗教、血缘以及性别等传统社会元素对人们认同建构的阈限，使得后现代语境下的当代认同呈现出比以往更富自主性与创造性的特质。加之存在于网络空间里的各种论坛、贴吧、社区等，为当代主体建构文化族群、找寻意气相投者提供了绝佳的空间场域。因此，越来越多的现代人将情感和精力转移至各类"迷群"等小众群体当中，并以此来不断尝试重塑乃至创造出一个崭新的理想型自我。网络空间与新媒介所具有的自由性、开放性以及平等性，使得现代人得以通过各种小众粉丝社群创造并传递着其独有的群体文化，在自我宣泄、自我满足和虚拟互动的世界里寻求"自治"与"认同"。在某种程度上，网络空间里各种类型的迷群，已逐渐成为后现代社会中个体进行自我定位与群体认同的主要途径，新媒介也成为现代人建构价值与认同的主流渠道。

---

① 雪莉·特克. 虚拟化身：网路时代的身分认同[M]. 谭天，吴佳真，译. 台北：远流出版事业股份有限公司，1998：3-4.

随着各类迷群体的不断壮大以及迷文化的不断发展，当今网络时代的"迷群"已逐渐呈现出层次多元化、结构复杂化的特性，并且"迷社区"成员内部间的互动也变得更具组织性与规范性。由此，也使得整个社会对"迷"这一特殊受众群体的认知逐渐摆脱了以往"病态""狂热""无知""低俗""歇斯底里"等一系列的负面印象。尽管长期以来，在大众的传统认知观念里，"迷"这一特殊受众群体总以一种游离于主流之外的、被"妖魔化"的形象示人。然而事实上，迷文化现如今已全面渗入大众的日常生活之中。一方面，被网络化、信息化以及全球化所笼罩的当代主体，可以很轻易地找到自己所中意的文化产品或者所崇拜的偶像符号，短暂或者永久地驻足在一个或多个迷群之中，以此来找寻心灵的寄托、归属以及认同。例如，在体育馆观众席或者网络观赛平台上尽情狂欢的篮球迷，在网络游戏世界里废寝忘食的游戏迷，在视频网站中流连忘返的综艺迷和影视剧迷，以及在电子产品线下或线上商城里彻夜排队的"苹果迷""华为粉"等都是现代人在网络时代下的缩影。可以这么说，当代迷文化是在信仰缺失的情景下对信仰力量的吁求，是以对当下明星偶像的崇拜来替代传统的对神灵的敬畏，以亚文化群体的新部落式存在替代由信念统一并支配的传统社会存在[①]；而另一方面，以数字化网络为代表的新媒介，不仅可以通过其自身方便快捷的传播渠道和即时高效的互动方式，为大众重塑新的自我认同提供便利条件，同时还可以借由媒体文化中所蕴含或者想要传递的价值观，来为大众重构自我提供建构的框架与规则，从而使其在一定程度内自由地改造或重建自我。可见，当代"迷文化"借新媒体之势，为多元、开放、流动的当代认同提供了丰富多彩的建构资源，同时也为大众重塑理想自我、定义群体归属提供了参考以及实现的途径。现如今，"迷文化"正以一种更为冷静和理性的姿态活跃于主流文化与大众文化之间，成为日益成熟和规范的亚文化群体[②]。

与此同时，在当今社会，消费被视为是表达与塑造主体自我认同以及文化认同的主要因素之一，而具备亚文化属性的"符号消费"则成为当代主体展示其独有精神世界以及人物形象的一种身份认同的介质。此外，消费文化还会借由各种商品的附加符号意义来对社会群体进行身份的界定。于是，面临认同危机的现代人出于对自我认同的探索，尝试通过各式各样的消费行为来将自我归类到某一"特定偏好"的群体之中，以此来肯定其自我价值，避免陷入自我迷

①陈霖.迷族：被神召唤的尘粒[M].苏州：苏州大学出版社，2013：11.
②金圣华.本土心理学视域下的偶像崇拜[D].吉林大学，2015：2.

失的状态。显而易见的是，当前社会人们自我认同的参照较之以往已发生了明显的转变。对于这种认同建构的消费行为，坎贝尔作出了相应的阐释："现代消费的本质是为了实现当代主体的自我梦想；现代消费的意义主要在于商品所提供的心理上的感受以及情感上的体验，而不仅仅是其所提供的使用上的价值；现代消费的核心是对想象性愉悦的追求，而不是对商品的实际选择、购买以及使用。"①因此，"意象性的符号消费"成为当代主体追寻自我身份认同与文化认同的重要方式，而"迷/粉丝经济"无疑是其中最具典型的代表。

不管是商品经济下市场所生产出的与偶像、明星相关的各种文化消费品，抑或"迷"自身所创造的可以与偶像建立起关联的各种媒介产物，在其之上都具备着某种"偶像符号"。就本质而言，那些依附在此类商品中的"偶像形象"实则是形成了一种诱导性的认同架构，成为群体所共同追求的目标。以篮球迷文化中的"球鞋文化"为例，篮球迷通过线上或者线下商城去购买自己所喜欢的球星代言的球鞋，来找到特定的群体归属，如 AJ（乔丹）迷、科密、詹蜜等。在这些受众群体眼中，"球鞋"取代了"球星本身"成为球迷的情感寄托与认同指涉。从某种程度而言，现代人在进行消费时所面对的已不再是传统物质意义上的商品，而是经由特定方式所创造出来的一个近乎想象的自我。大众亦开始借助消费来建构自我并向他人展示，从而实现与他者的区隔以界定自我。在西方学术界中，"迷"一直被学者们看作是"过度的消费者"，国外"迷"研究也多是围绕着粉丝消费相关领域所展开②。因此，无论是基于群体归属需求所探讨的文化认同、社会认同，还是基于消费方式所构建起来的个体认同，"迷群体"无疑是我们研究当代主体身份认同的关键切入点。对新媒介环境下的迷文化以及迷群的偶像崇拜与虚拟交往行为展开分析研究，阐释现代"媒介人"从个体到群体的认同建构过程，不仅有助于帮助我们正视当代主体身份的碎片化以及当代认同的复杂性、多样性，同时也为大众在后现代社会语境下如何寻找自我、重塑自我、创造自我，以及建构自我认同与集体认同提供经典的案例参考。

三、篮球迷群体：网络空间迷身份认同研究的极佳素材

体育作为一种特殊且极具魅力的社会文化现象，以其强大的影响力与号召力吸引着众多的体育爱好者，形成了特有的"体育迷"亚文化群体。在当今多

---

① 姚建平.消费认同[M].北京：社会科学文献出版社，2006：39-42.
② William W.Kelly.Fanning the Flames:Fans and Consumer Culture in Contemporary Japan[M].Albany:State University of New York Press:2004:1-7.

媒体数字化的时代，体育赛事与信息的传播媒介已经从报纸、书刊、电视、广播等传统媒体延伸至各种互联网类终端、社交媒体以及自媒体等新媒体形式，这些新媒介的出现为各类体育迷群的形成与发展提供了更加便利的条件。就篮球迷而言，一方面，网络等新媒介技术的不断发展与完善，使得篮球迷获取相关资源的效率得到了大幅度的提升。早期蹲守在电视机前定点观看既定的赛事直播，或者通过租借、购买光盘回看赛事录像的方式逐渐成为历史，互联网使得体育赛事资源的传播途径变得更加便捷。现如今，各大门户视频网站如腾讯、优酷、爱奇艺等都开辟了专门的体育频道，且各种赛事资源应有尽有，人们可以根据自己的实际情况选择最适合自己的赛事观看方式。同时，互联网上相关的体育资讯、赛事观看等更是可以免费获取，这就使得成为一个单纯的篮球迷所要付出的成本大大降低。另一方面，与传统的现实社会相比，在网络社区内失去物理距离限制的篮球迷之间的交往与互动也变得更加便捷与频繁，而这也正是新媒体推动各种体育迷群得以形成并迅速扩大的一个重要因素。网络的开放性以及体育迷群自身的"趣缘社群"属性，促成了网络空间里各种体育类社区/论坛的成立，诸如早期百度贴吧里的各类"篮球吧"，以及现在的各种综合性体育社区，如虎扑体育社区、腾讯体育社区、新浪体育社区等。这些专业性的体育社区/论坛指向明确，且各种赛事以及周边资源全面，非常受体育迷们的追捧，因而集结了全国各地乃至其他国家和地区的体育迷。有数据显示，虎扑作为国内最专业的篮球论坛之一，其月均活跃用户数达到了5500万左右①。这样一个庞大的篮球迷群体，无疑为我们开展网络受众研究提供了一个绝佳的素材。

同时，当代体育迷文化则是代表了一种更为活跃、更加自主、更富参与性的大众文化消费模式。这种体育迷的消费模式是以"想象""欢愉"以及"认同"等要素为其消费内核，以各种网络体育迷社区为平台，以新媒介的生产与消费为主要方式，最终以体育迷文化制成品为标志来不断发展和运行的。在体育迷文化消费模式下，篮球迷所进行的文化消费已不再只是单纯的对于体育文化产品的购买与使用（例如购买球星自传类书籍以及各种与篮球运动相关的影视类产品等），而是一种在新媒介环境下，融合了消费者的态度、情感以及价值的生活方式，并在某种程度上发挥着一定的群体黏合功能，将来自不同国家、地

---

① 新京报.篮球和足球，谁是中国第一大运动？[EB/OL].(2019-09-18)[2021-07-09].https：//baijiahao.baidu.com/s?id=1644996514631513506&wfr=spider&for=pc.

区、种族、文化背景的篮球受众组合在了一起，构建起作为篮球迷的专属认同。现如今，随着各种体育赛事在全球范围内的风靡，体育已逐渐演化为一种世界大同理念的催化剂，阻拦了诸多催生种族隔阂的元素。

此外，需要注意的是，体育运动不仅仅是运动员的游戏，同时也是受众与迷群的游戏。长期以来，在国人的传统观念里，体育运动的主角只能是运动员，而竞技体育场域中的其他角色都只能作为配角，这一观点导致了人们对于非运动员的体育人口关注度相对有限①。例如，人们可以很容易地分辨出篮球明星，但没有那么多人刻意关注那些观看球星们表演的、数目更为庞大的篮球观众或篮球迷等人员群落。在国内体育学术界中，最初也是相对较少的研究者专门探究体育人口中非运动员群体的生存与发展现状，而国外早在20世纪70年代，就有学者专门撰文探讨体育迷这一受众现象，经过五十多年的发展，国外已形成了一套成熟的研究范式，发表了一批经典的研究成果。然而，反观国内与体育迷群体相关的学术研究，自徐群、雷宏发表《体育迷暴力行为之心理初探》肇始，其后一度停滞，直到郭晴翻译了劳伦斯·文内尔的《媒介体育、性别、体育迷与消费者文化：主要议题与策略》才使得体育迷重回国内学者的研究视野。随后才有了诸如体育迷与媒介互动、体育迷赛事消费行为、体育迷身份认同、体育迷观赛动机以及女性体育迷②等一系列相关研究，研究成果有了大幅提升，但研究的深度与广度仍有很大的探讨空间。

互联网的兴起加速了整个社会的媒介化进程，现代人的日常无一例外地被各种媒介所裹挟，媒介已逐渐成为麦克卢汉所形容的"人体的延伸"。在当前的网络社区中，人数众多的篮球迷则更像是篮球这一体育运动项目的忠实信徒。借助各种媒介，篮球运动很容易将遍布于世界各个角落的受众凝聚在一起。在他们之中不乏评论者、呐喊者、示爱者、朝圣者、斗殴者等身份各异的篮球迷，而这些篮球迷则是当代人类自然镜像的典型代表。在篮球迷部落中，很多人因为篮球而变得快乐、自信、坚强，他们一旦步入篮球的世界，便终生不再离去。正因为如此，"篮球迷群体"，或者说是"篮球粉丝群体"可以作为我们探讨当代主体认同的一个极佳的素材。对其所展开的研究，不仅能为现代人基于相同价值观去试图组建新型的社区提供有益的借鉴，同时也为大众追求自我完善、

---

①路云亭.球迷人类学[M].上海：上海人民出版社，2020：1.
②张小林.国外体育迷研究的热点、网络与趋势：基于Web of Science核心数据库(1975-2019)的知识图谱分析[J].成都体育学院学报，2020，46(05)：43-50.

建立个人与群体认同来摆脱当代认同危机提供稳固的方向。

基于此,本研究尝试以网络篮球迷社区/论坛为在线田野,运用网络民族志的质化研究方法,对篮球迷这一特殊受众群体展开分析探索。通过收集与分析档案数据、文本数据和访谈数据,对网络空间中篮球迷群的认同建构进行体育学、社会学、社会心理学以及传播学意义上的解释。通过进入篮球迷的世界,试图在迷文化研究与身份认同研究的基础上,阐释网络空间中国篮球迷群的身份认同建构过程,力图清晰呈现他们在认同过程中真正获取和生成的是什么,并借此更深层次地探究网络空间中"迷"群体是如何借助媒介来建构身份认同的。

第二节 研究意义

一、理论意义

首先,对网络空间篮球迷群体所展开的研究有助于扩充、丰富新媒介环境下的体育迷文化研究理论。体育迷文化研究是欧美受众研究与文化研究领域中一个重要的研究分支,其经典理论范式诞生于工业社会时期,是以大众文化与传统媒介的发展为语境,对传统媒体时代所孕育出的体育迷群具有一定的阐释效力。然而,当今活跃于虚拟社区的篮球迷群体则是诞生于网络信息时代,是以新媒介技术的应用为依托,以数字化社会的发展为背景,呈现出有别于传统体育迷群的文化实践方式与组织架构特色。因此,对网络空间篮球迷群体的研究可看作是数字媒介时代下对体育迷文化研究的一种补充和完善。同时,有助于将体育界的学术研究聚焦点,从之前的相对集中在运动员群体身上,引导至更为全面考量非运动员群体的篮球受众的生存状态。

其次,本研究有助于丰富国内体育迷身份认同的理论研究。在欧美学术界,体育迷的身份认同一直都是体育迷研究领域的重点探讨内容,长久以来积累了大量的研究成果,同时形成了一套较为成熟的研究范式。而国内针对体育迷的相关研究还处于比较初级的阶段,并且大部分研究是以应用性的对策研究为主,基础理论研究则是相对较少,针对体育迷身份认同的探索则占比更小。由于近代西方竞技体育的发展速度以及商业化运作规模远超国内,这就导致我国体育迷群体普遍关注与崇拜的是国外的一些运动项目以及运动员。在篮球运动中,这一现象则表现得尤为突出。当前,国内篮球迷绝大多数是以美国NBA球星作为其崇拜的偶像，对美职篮联赛的关注度也远超其他篮球赛事。与此同时，加之时差、区位以及收入等一系列因素的影响，国内的体育迷在常规情况下只能借助网络媒介去关注、了解自己所崇拜的运动员或运动队的最新资讯动态。这就使得现阶段国内体育迷更像是生活在媒介化社会中的"电子体育迷"或"数字粉丝"，通过利用虚拟的网络空间，与所崇拜的体育偶像及其他的体育迷进行互动与交流。当前国内体育迷的这一特质，无疑为学术界研究体育迷的身份认同打开了一个新的理论视角。因此，针对当今国内体育迷群体中最为典型的篮球迷群体进行相关研究，则是对我国体育迷身份认同理论研究的一种扩充与完善。

二、现实意义

近年来，伴随着社会、经济、科技以及大众文化的不断发展，"迷文化"也随之在国内迅速崛起，特别是各种网络真人秀节目的火爆上演使得中国的"迷"群体数量在短时间内出现了急剧性的增长，社会影响力也日益扩大。"迷现象"不仅成为当前学术界讨论的焦点，同时更是社会大众广泛关注的热点话题。

就现实意义而言，对作为受众新样态之一的网络篮球迷群体的身份认同问题展开相关研究，有助于我们合理地审视和处理数字媒介时代下的篮球迷文化与主流文化间的摩擦，正确地理解当今新型篮球迷文化的实践方式及其背后的深层逻辑。近年来，由于偶像工业资本和网络媒介对粉丝文化的操纵和摆布，后现代社会的迷文化滋生出了互撕谩骂、无脑应援、拉踩引战、制造话题、干扰舆论等一系列迷文化乱象，国家也启动了专项行动对粉丝文化乱象进行了整治。然而从有关举措来看，"迷文化乱象治理"专项行动针对的是资本所操控下的粉丝圈乱象，而非粉丝群体本身，迷群自身的合理性并没有受到否定。作为一个由趣缘联结而成的网络迷社群，篮球迷群在与资本脱钩后是极有可能朝着健康的文化实践方向发展的。因此，透过篮球迷群成员在文化层面的作为，探索其身份认同的建构过程，有助于我们引导篮球迷文化符合当前主流文化的价值观和审美标准，使篮球迷在获得心理上的存在感、归属感与满足感的同时，推动篮球迷文化向着健康可持续的方向发展。

第二章
文献综述

第一节　迷文化研究

一、国外迷文化研究综述

二十世纪七八十年代，在欧美资本主义经济高速发展以及电视等传播媒介日益普及的时代背景下，西方学术界文化研究的视角和重心逐渐从社会的制度、结构以及发展等宏观层面转向了"受众"这一微观层面，其中，作为"过度的大众文化接受者"的"粉丝"群体则吸引了众多研究者的目光。相关学者从社会、文化、传播等多重视角对其展开探讨，从而开启了"迷文化"研究的时代序幕。学术界对"迷"的认知也逐渐从初期的狂热、肤浅、无知且不具备研究价值的受众分子，过渡到主动、热烈、参与式的文化生产者，以及媒介与大众文化研究不可或缺的重要组成部分。总体来看，国外关于"迷/粉丝"的研究大致可概括为以下三个阶段。

（一）第一阶段："主动受众"理论为粉丝"正名"

受众研究一直以来都是大众传播研究中十分重要的领域，而其中关于受众的"被动性"与"主动性"之争则是学界重点关注与讨论的议题。"主动性"（亦被称之为"能动性"）被认为是新受众研究中最为重要的核心概念，新受众研究将受众视为"拥有自我意识，并且能够做出自主选择以及建构意义的个体存在"[①]，这与早期传统研究中将受众视为是"被动孤立、缺乏理性且容易受到媒体影响所控制的'大众'"[②]，在概念和认知上有着显著的区别。就本质而言，"迷/粉丝"文化研究属于受众研究的一种，"迷文化研究的核心旨在突破简化的观众理论，解释粉丝消费行为的复杂

[①]奥利费·博伊德·巴雷特，克里斯·纽博尔德. 媒介研究的进路：经典文献读本[M]. 汪凯，刘晓红，译. 北京：新华出版社，2004：615.
[②]陶东风. 粉丝文化研究：阅读—接受理论的新拓展[J]. 社会科学战线，2009(07)：164-172.

性"①。始于20世纪80年代初期的第一次迷文化研究浪潮，其主要研究成果就在于强调"粉丝为主动、积极受众"这一观点。

在早期的西方学术界中，鲜有研究将"迷"视为一种社会文化现象来看待，而是将其视作一种被动的大众媒介附属物，仅仅是在讨论社会名流时"被顺带提及的存在"。社会心理学家霍顿（Horton）和沃尔（Wohl）将"迷"看作是"一种对正常关系的不恰当模仿"，将"迷"的崇拜行为看作是一种"准社会交往"，即一种主要源于单方面的社交关系：甲对乙十分了解，并与之产生情感和认知上的关联，然而事实上却是乙对甲以及对这一"关联"有可能毫不知情。在两位学者看来，"迷"无法正常地建立社会关系，而是寄希望于通过接触名人来获得其自身无法拥有的名望，或者是试图假想自身能成为名人。因而，在很长一段时期内，"迷"被看作是"为了弥补自主性的个人缺失、社群的缺席、不完整的身份、权力和认可的缺乏而做出的持久努力"②。

被称为当代文化研究之父的斯图亚特·霍尔（Stuart Hall）则重新界定了"受众"的角色内涵，其提出的"编码-解码"理论认为"意义"并非完全是由发送者"传递"给接收者（受众），而是由接收者"生产"的，即接收者能根据自己所处的境况解读出不同的文本意义③。霍尔的"编码—解码"理论，尤其是协商和对抗立场的提出，开启了受众"主动性"研究的新视角，即受众不再是法兰克福学派所认为的"消极受众""白痴观众"，而被认为是主动的、具有能动性的，他们分属于特定的群体，在群体中解码文本，分享理解与诠释的特定框架④。霍尔的研究成果成为在特定社会文化语境中研究受众接受行为的理论背景，"编码—解码"理论也成为影响迷文化研究的重要理论方法之一。

大卫·莫利（David Morley）进一步将霍尔的三种解码模式应用于经验性研究之中，对霍尔的"编码—解码"理论进行了验证与拓展。莫利通过研究指出，受众对信息的解码方式并非任意而行、随心所欲的，而是受制于其种族、性别、年龄、阶层等一系列结构性因素。受众对于信息内容的解码虽然是个人化的，

①Horton D, Richard Wohl R.Mass Communication and Para-Social Interaction [J]. Psychiatry, 19(3), 1956:215-229.
②Joli Jensen.Fandom as Pathology:The Consequences of Characterization.In Lisa Lewis (Ed.), The Adoring Audience:Fan Culture and Popular Media[M].London:Routledge，1992:1-27.
③赵勇. 大众文化理论新编[M]. 北京: 北京师范大学出版社，2011:331.
④V.Costello，B.Moore.Cultural Outlaws:An Examination of Audience Activity and Online Television Fandom[J].Television and New Media, 2007, 8(2):125-145.

但是"意义"的产生却是极大地受到社群或者家庭等因素的影响。不同结构的社会和不同背景的文化群体对信息的理解与解码则是形色各异，有时甚至与信息发送者的本意相去甚远[①]。此外，莫利还指出受众不仅有"诠释"的自由，而且或多或少有着各自的"倾向"，但是他们所做的不仅仅是成为一名"观众"，还成为在传播过程中参与文化创造和意义构建的"主体"[②]。莫利的研究进一步发展了霍尔的理论，同时其"受众民族志研究"的提出，为后续迷文化研究者使用人类学方法展示"迷"这一特定文化群体提供了方法论上的指导。

被誉为"这个时代最大胆、最神秘、最敏锐的头脑之一"的法国文化理论家米歇尔·德赛都（Michel de Certeau），基于受众"具体实践行为"的视角，提出了"消费者二度创作"理论以及创作过程中"策略""战术""剽窃"和"游击战"等一系列术语和观点。德赛都关于受众对文本积极阅读的"盗猎"与"游牧"解读的概念的提出，对思考研究"粉丝消费与粉丝文化"特别有帮助[③]。德赛都认为，在大工业时代背景下高度分工的现代社会中，受众积极的阅读行为犹如一种"文化拼接"，他们能够在接受资本主义工业部门所提供的文化产品的同时，对文本进行分解，然后再利用这些"原材料"结合自身偏好创造性（反抗性）地将其重新定义，从中找出自己所需要的"意义"[④]。德赛都所提出的"盗猎者""游牧民"式的受众文化理论，充分肯定了受众的主动性和创造力，并给予受众的消费行为以高度的评价。德赛都的研究成为早期迷文化领域重要的理论源泉，为后续学者们研究迷文化提供了可能的探索方向和理论空间。

作为当代文化研究领域的翘楚，约翰·费斯克（John Fiske）致力于挖掘大众文化的积极抵抗意义，试图在大众文化研究中的精英主义和悲情主义之间作出一种超越[⑤]。费斯克的观点在大众文化研究领域产生了广泛且深刻的影响，而迷文化正是其大众文化研究的重要落脚点与核心组成部分，甚至从某种意义上来讲，正是受到费斯克的影响，学者们才真正意识到粉丝这一群体的研究价值。在费斯克看来，"迷"并非"肤浅的""无知的""疯狂的"他者形象，

---

①丹尼斯·麦奎尔. 受众分析[M]. 刘燕南，李颖，杨振荣，译. 北京：中国人民大学出版社，2006：27.

②罗杰·迪金森，拉马斯瓦米·哈里德拉纳斯，奥尔加·林奈. 受众研究读本[M]. 单波，译. 北京：华夏出版社，2006：19-20.

③亨利·詹金斯. 大众文化：粉丝、盗猎者、游牧民：德塞都的大众文化审美[J]. 杨玲，译. 湖北大学学报（哲学社会科学版），2008，35（4）：66.

④Michel de Certeau.The Practice of Everyday Life[M].California:University of California Press, 1988:32.

⑤陶东风. 文化研究：西方与中国[M]. 北京：北京师范大学出版社，2002：68.

而是"主动的""热烈的""参与式"的生产性受众和文化生产者。首先，费斯克将"迷"界定为"过度的大众文化接受者"，认为"迷"与大众读者间的差别并非性质上而只是程度上的[①]；同时，费斯克充分肯定"迷"的主动性（能动性），认为"迷"是能够控制自己解读并从文本中产生出自身意义与快乐的积极创造者，而不是意识形态的俘虏[②]；其次，费斯克将"粉都"（迷群）总结为"由各种文化决定因素组成的奇特混合物——一方面，它是对形成于官方文化之外并与之相对立的大众文化的一种强化；另一方面，它又征用并重塑了与其对立的官方文化中的某些价值和特征"[③]。与此同时，费斯克指出迷群体具有辨识力和生产力特征，认为粉丝对于大众文本是否属于粉都具有严格的分辨力与判断力，且这种辨识力旨在识别与筛选出"文本"与"日常生活实践"之间的关联点。通过符号生产力、声明生产力和文本生产力这三种形式，粉丝最终实现了迷文化的自我生产。此外，费斯克还指出迷群体拥有一套自己独特的生产和流通体系——"影子文化经济"，认为虽然大众都可以在一定程度上进行文化解读和符号生产，但只有粉丝经常将这些符号生产转化为能在迷群中传播流通，并能以此来界定该迷群某种文本生产形式的文化产品[④]。费斯克的迷文化理论的架构、视角以及对相关概念的界定影响了一代的迷研究学者，其中就包括美国迷文化研究的领军人物亨利·詹金斯。

　　亨利·詹金斯（Henry Jenkins）的受众研究主要是围绕迷文化展开。詹金斯通过"民族志"的研究方法，借助"学者和迷"的双重身份近距离参与观察"迷"的微观行为，研究粉丝入迷的原因，探讨迷实践行为的目的，以此来对迷文化展开叙述和考察，阐述粉丝现象背后的社会机制、粉丝的文化实践，以及粉丝与大众媒介和资本主义消费者之间的复杂关系。首先，詹金斯认为粉丝一方面以达到自身目的作为出发点，通过"盗用"文本并"为我所用"的方式主动解读或者重构文本，产生新的意义；另一方面以"流动性的""非固定性"的解读立场，不断接触新的文本，组织新的材料，继而生产新的意义。詹金斯同时指出"媒介迷"的"阅读和生产"将成为一种"永久的"文化，而不是"偶发的""临时的"抵抗行为。通过利用通俗文化中提供的符号性原材料，"迷"不断地积极打造属于自身的文化，生产出对迷群而言具有永久魅力的物质。其

①约翰·费斯克.理解大众文化[M].王晓钰，宋伟杰，译.北京：中央编译出版社，2006：174.
②③约翰·菲斯克.电视文化[M].祁阿红，张鲲，译.北京：商务印书馆，2005：455.
④陶东风.粉丝文化读本[C].北京：北京大学出版社，2009：7-18，147-171.

次，詹金斯认为迷的"盗猎者"行为并非德赛都描述的"读者间彼此彻底孤立的存在"，而是一个"社会过程"，具有社群的风格和社群文化的意义，粉丝独立个体的解读阐释则是通过与他者的持续互动而逐渐形成并得到强化的[①]。并且迷群体比一般消费者更有媒介参与的能力，同时也更加具有勇气和毅力去与媒介工业争夺文化权利。在詹金斯看来，迷群是一种新型的、用消费和品位联系起来的社区[②]。在粉丝的世界里并不存在读者与作者之间的明显界限，粉丝并非仅仅消费那些文化工业创造出来的"故事"，他们同时会在这些"故事"的基础上创造出属于自己的"故事"与"产品"。粉丝圈里的这种"参与式"的文化和行为，将媒介消费变成了新文化和新社区的生产。此外，詹金斯还跳出了单一的迷文化框架，率先提出了"融合文化（Convergence Culture）"的概念。这在以消费社会里的权力关系为核心的第二次迷研究浪潮中产生了广泛的影响，成为此后媒介研究领域的基础理论之一。

此外，该阶段还包括丽萨·刘易斯（Lisa A. Lewis）所编著的《狂热受众：迷文化与大众媒介》（*The Adoring Audience: Fan Culture and Popular Media*）这一重要的迷文化研究成果。该书汇集了11篇与迷文化相关的研究论文，分别从"迷的定义""迷与性别""迷与工业"以及"迷的生产"四个部分展开讨论。大致来看，国外"迷/粉丝"文化研究第一波浪潮，始于20世纪80年代初期，于20世纪90年代初期结束，在此期间涌现了大量重要的研究成果。总体而言，该阶段学者们试图重构那些原本被认为是负面的粉丝行为与状态，基本肯定了粉丝的"抵抗性"和"颠覆性"，赋予粉丝以积极的意义，"主动（积极）受众论"成为这一时期迷文化研究的重要理论导向。

（二）第二阶段：基于消费社会学视角考察迷文化现象

20世纪90年代中后期，随着西方迷文化研究的不断深入，有学者开始尝试基于消费社会学的观点，将粉丝这一现象纳入社会、经济以及文化和阶层背景中予以考察，自此迷研究迎来了其第二波浪潮。这一阶段迷文化研究的理论源泉，主要来自法国社会学家皮埃尔·布尔迪厄（Pierre Bourdieu）关于社会阶层和文化资本的相关理论。该时期与粉丝相关的研究，更多的是关注以及凸

---

①亨利·詹金斯.文本盗猎者：电视粉丝与参与式文化[M].郑熙青，译.北京：北京大学出版社，2016:43-44，284.

②Henry Jenkins.Convergence Culture:Where Old and New Media Collide [M].New York: New York University Press. 2006:3.

显迷文化中"迷"对于其"所迷对象"的选择和"迷"这一特殊群体的消费行为是如何反映人们的社会、经济与文化资本的，以及迷群内部是如何复制主流社会的等级制度的。该阶段的研究成果指出，粉丝选择的对象和粉丝消费的实践行为是通过大众的习惯所建构起来的，而这些习惯恰恰是大众的社会资本、文化资本和经济资本的反映和进一步显示[①]。

布尔迪厄与德赛都对于迷文化的认知有着一定的区别，德赛都高度赞扬迷的"能动性"，在其看来，迷群体通过盗猎、游牧等形式来"盗取"官方的文化资本为自身所用，从而形成了其独有的迷文化体系来"抵抗"官方文化。而布尔迪厄却认为不存在所谓的"本真的""独立于官方文化之外的"迷文化。布尔迪尔承认迷文化中的"抵抗"能力的存在，但是认为迷的这种"抵抗"往往都是"无意识的"且"相当有限的"。在布尔迪厄看来，文化资本的配置是与整个社会阶层的划分保持着连贯性的。布尔迪厄在其所著《区分：判断力的社会批判》一书中指出，"品位"受制于个体的"出身"，同时也标识和强化着他们的身份与阶层。社会中存在着各种阶层的消费，因而，迷群体的消费也必然存在一定的差别，这主要是由于"迷"个体资本的"类型"和"总量"积累程度间的差异，塑造了他们截然不同的"品味"与"审美偏好"。而品位与审美偏好的不同也自然使得他们被区分出了不同的等级，其中占据着绝对话语权与资本的这类迷群体，则必然希望其他品位与审美偏好的粉丝去模仿并认同自己，这就使得资本类型和资本总量均缺乏的弱势粉丝群体，只能去臣服于主导文化的统治[②]。布尔迪厄的思想与观点影响了同一时期的众多迷文化研究学者，在这一阶段中尽管学者们仍然关注权力、不平等和歧视等问题，但研究者们不再将迷群体视为一种赋权的工具，或者与现存社会等级制度和结构相抗衡的力量，而是更倾向于认为"迷"的诠释群体是根植于当前的社会、经济和文化现状的，"迷"则是维护现存社会和文化分类体系的能动者。

例如，美国学者谢里尔·哈里斯（Cheryl Harris）通过调查研究指出，受众对于电视节目的选择大多是由其"个人品味"所决定的，而并非出自他们对官方文化所进行的"有意识的抵抗"。哈里斯在其《电视粉都的社会学》一文中指出，作为当今社会里重要的"公共空间"，电视媒介在很长一段时期内

①Jonathan Gray,Cornel Sandvoss,C.Lee Harrington.Fandom:Identities and Communities in a Mediated World[M].New York:New York University Press,2007:3-7.
②皮埃尔·布尔迪厄.区分：判断力的社会批判[M].刘晖，译.北京：商务印书馆，2015.

都是由电视工业单方面掌控，直到20世纪70年代各种"电视观众团体"的出现，这一状况才有所转变。哈里斯对其中一个成立于1985年的"高品位电视观众"团体（Viewers for Quality Television，简称VQT）进行了为期五年的跟踪研究，指出该团体的行为不能简单地用迷文化研究中的"赋权"概念来解释。VQT团体成员主要是由一帮"受过良好教育的中产阶级"的电视迷自发组成，目的是挽救那些因收视率低而遭到禁播威胁的高品质电视剧。研究发现，VQT所要求播放的电视节目主要取决于其团体成员的"品味"，而成员的"品味"又取决于他们是如何通过家庭、教育机构、教会和国家等机制被社会化的。换言之，电视迷这一群体对于所要观看的电视节目的选择，完全取决于他们的社会、文化以及经济等资本的"特殊组合"，与他们的阶级背景和地位有着直接的联系。哈里斯认为，VQT团体为保卫高品质电视节目而发起的运动，实则更像是一群共享着相似文化资本的个体在拓展着他们的文化领地①。

总的来说，始于20世纪90年代中期的迷文化研究第二阶段，是以将"布尔迪厄社会学理论"应用于迷文化现象的分析为其主要标志。其中，布尔迪厄社会学研究范式，则为前期迷文化研究的修正与拓展提供了社会学的理论框架。这一时期的学者们在广义的社会文化框架内，通过场域、阶层、资本等来研究迷群体的形成过程与内部结构，以及作为亚文化的"迷"与社会其他场域、其他结构的互动与流通。但是，鲜有学者针对"迷"的个人动机、愉悦、偏好等问题进行相关探索。

（三）第三阶段：多元视角下的"迷"文化研究

在此前的两个阶段里，学者们基本上仍是将迷文化视为一种小众的、亚文化群体的文化实践和研究范畴。然而，随着互联网技术的普及与日臻完善，手机、个人电脑等便携式通讯技术的蓬勃发展，以及社交网站、即时通信软件等信息产品的广泛应用与推陈出新，"迷"用于交流的平台也随之变得更加丰富多样，网络化、数字化和信息化的发展给迷群体带来了一种全新的交流方式。"迷"的日常实践逐渐从之前的小众行为，发展成较为普遍的大众文化消费模式。"迷"的实践行为和心理动因，也呈现出复杂化的态势。同时，"迷"的影响力也呈几何倍数增长且日益扩散和增强。迷文化的当代样态已经远超之前

---

① Cheryl Harris,Alison Alexander.Theorizing Fandom:Fans,Subculture and Identity[M].New York: Hampton Press,1997:51.

的理论预测，迷文化研究也随之进入了一个在概念、理论和方法上都更加开放、多元的新的阶段。

在迷文化研究的前两个阶段里，学者们对于粉丝这一特殊受众群体的探索，多停留在亚文化视域下的"收编/抵抗"范式之中。而随着后现代主义思潮的来袭，学者们开始对这一范式进行反思。尼古拉斯·阿伯克龙比（Nicholas Abercrombie）和布莱恩·朗赫斯特（Brian Longhurst）对此前受众研究领域所使用的伯明翰学派"收编/抵抗"范式进行了全面的梳理与总结，同时指出了该范式存在的不足之处，并借此提出了新的"观展/表演"范式。这一新的范式重点关注的是在复杂多变的日常生活语境中受众身份的形成与建构，与"收编/抵抗"范式以"权力"为核心不尽相同，"观展/表演"范式强调的则是"身份"的概念，这对开拓迷文化的研究视野提供了一种新的解读方式[1]。此外，乔纳森·格雷（Jonathan Gray）等学者进一步指出，对"迷"所展开的研究不应该仅局限于那些社会边缘群体，而是应当探讨"迷"的行为在主流社会身份认同与社群建构中所起到的作用，这一观点大大扩展了迷文化的研究对象与研究领域。

自此，在后现代主义思潮与新媒介发展的时代语境下，迷文化研究开始朝着更加多元化的方向发展。麦特·西尔斯（Matt Hills）和亨利·詹金斯（Henry Jenkins）在这一时期重点关注了"迷"的消费行为和文化生产。西尔斯指出，以往的迷文化研究过于强调迷群体对商业文化的抵抗，压抑了"迷"的消费者身份。西尔斯通过对以迷群为目标客户的缝隙市场进行分析，认为，粉丝已经从"文本盗猎者"的身份转变为"文本守护者"的身份，这一发现阐明了迷文化中所隐含的文化与经济过程[2]。詹金斯则认为经由粉丝二次创作后的文学作品是在共同体中发生的，并且认为这种文学艺术作品是当今网络信息时代所形成的一种新型表达形式[3]。

科内尔·桑德沃斯（Cornel Sandvoss），格罗斯·艾莉森（Gross Allyson）等学者则对迷文化实践中的情感以及认同问题展开了讨论。桑德沃斯将长期以来迷文化研究的重点，由迷群体研究引至粉丝个体研究。他通

① Nicholas Abercrombie,Brian Longhurst.Audiences:A Sociological Theory of Performance and Imagination[M].London:Sage,1998:31-39.
② Matt Hills.Fun Cultures[M].London:Routledge,2002:37-45.
③ Henry Jenkins.Art Happens Not in Isolation,But in Community:the Collective Literacies of Media Fandom[J].Cultural Science Journal.2019,11(1):78-88.

过对三种精神分析理论（弗洛伊德的性本能理论、克莱因的客体关系理论和温尼科特的过渡性客体理论）进行梳理，系统阐释了"迷"的心理机制。他认为，"迷"的偶像崇拜行为是有情感投入的，其理论贡献主要表现为"在'迷'的文化认同和心理动机之间建立起了关联"，开启了深入"'迷'的精神世界"的研究门户，开辟了迷文化研究领域探讨"迷"的自我身份认同与建构的新思路[①]。艾莉森（Allyson）通过个案研究的方式，对歌手哈里·斯泰尔斯（Harry Styles）的粉丝展开了观察。他指出，该歌手的粉丝并非被动地消费其偶像的音乐和风格，而是通过对偶像产生认同，修饰性地将其建构为一个群体的、流行的对象，并将粉丝自身的价值观投射到该偶像的意义空白之中[②]。豪尔赫（Jorge）等则对澳大利亚足球迷文化进行了分析，认为足球迷群在其日常实践中创造出了全新的社会身份，呈现出"一种部落主义"的倾向[③]。金（Kim）对韩流粉丝文化进行了相关分析，指出在新媒介语境下，粉丝通过在同一文化场域内围绕其所崇拜的偶像进行信息的传播、文化的互动以及情感的共享，推动了流行文化跨国界、跨文化间的流动，并由此形成了一个"文化实践共同体"[④]。

此外，瑞安农·伯里（Rhiannon Bury）则对虚拟空间里的迷行为展开了研究，探讨了迷社群与网络空间的关系。伯里通过民族志的研究方法，对两个极具代表性的网络女性迷群进行了跟踪研究，指出女性粉丝在网络虚拟空间内创造了一个属于女性的"异托邦"，模糊了公共空间与私人空间的界限[⑤]。乔纳斯·迪恩（Jonathan Dean）和杰米黄（Wong Jamie）等则讨论了迷社群与社会政治间的关系。通过相关研究阐释了迷文化对政治所具有的重要意义，并着重强调了迷群体进行政治干预的组织和能力[⑥]。杰米等则对新冠疫情期间中国社交媒介平台出现的云监工"慢直播"行为展开研究，指出中国主流媒体正在将迷文化中的"参与性"引导至政治生产方向，以此

① Cornel Sandvoss.Fans:The Mirror of Consumption[M].Cambridge:Polity Press,2005:68-94.
② Allyson Gross.Identification,Black Lives Matter,and Populism in Harry Styles Fandom [J].Transformative Works and Cultures,2020,(32).
③ Jorge Knijnik,Martha Newson."Tribalism",Identity Fusion and Football Fandom in Australia:The Case of Western Sydney[J].Soccer & Society,2021,22(3):248-265.
④ Kim,So Young.A Study on Postmodern Characteristics in Fandom of the Digital Network World:Focused on the Cases of BTS and John Yang[J].Humanities Contents,2020,56:59-80.
⑤ Rhiannon Bury.Cyberspaces of Their Own:Female Fandoms Online[M].New York: Peter Lang,2005:166-181.
⑥ Jonathan Dean.Politicising Fandom[J].The British Journal of Politics and International Relations,2017,19(2):408-424.

来尝试帮助中国政府促成"粉丝治理"的全新社会治理模式①。

总体而言，西方迷文化研究虽然历时不长，但理论成果却颇为丰富，相关研究多集中于大众文化、媒介文化以及社会学等领域，并且越发呈现出一种浓郁的跨学科色彩。对迷群体的研究也由高屋建瓴的研究姿态和单一的研究模式，转变为从多元视角探索"迷"的内心世界，以及对个体自身的价值和存在意义的关注。在20世纪80年代之后的西方受众研究中，"迷"的取向研究已经成为一个不可忽视的潮流，构成了主动受众和流行文化研究中不可或缺的重要组成部分。现如今，随着互联网科技与新媒介平台的不断更新发展，迷文化的参与性、多样性，以及迷社群的多元性等更是得到了进一步的彰显。围绕偶像进行文化实践的当代"迷"个体们，不断穿梭于虚拟空间与现实社会之间，形成了一个个跨越阶层、文化、种族乃至国界的共同体。迷群体身份建构和文化实践的方式，对当今社会的政治、经济面貌等已产生了不容忽视的影响。需要指出的是，中国的迷文化深受日韩偶像工业体系的影响，因而其迷社群的组织方式、组织架构以及行为模式等，与欧美迷群体之间是存在一定差异性的。通过对文献的梳理发现，西方迷文化研究中对中国迷文化的涉猎还较少，并且缺少较为深层次的探索与剖析。

二、 国内迷文化研究综述

国内迷文化研究起步较晚，始于20世纪90年代初期，自2005年一档名为《超级女生》的电视选秀节目后才逐渐成形。通过查阅相关文献，大致可将中国迷文化研究历程概括为以下三个阶段：

（一）萌芽阶段：青少年偶像崇拜现象的研究

20世纪90年代，国内开始出现了以青少年群体为样本的，针对"偶像崇拜"现象的学术研究。该时期国内受港台流行文化的影响，出现了第一批真正意义上的"追星族"，自此青少年迷群体的偶像崇拜行为开始受到包括学术界在内的社会各界人士的关注。在研究初期，国内学者的关注点主要是探索我国青少年迷群的偶像崇拜行为给家庭以及社会所造成的影响。其中，李海荣于1988年发表的《青少年社会化与第一人格偶像崇拜》一文，是国内最早的有关青少年

---

① Wong J,Lee C,Long VK,et al."Let's Go,Baby Forklift!":Fandom Governance and the Political Power of Cuteness in China[J].Social Media+Society,2021,7(2):1-15.

偶像崇拜现象的研究成果。在李海荣看来，"第一人格偶像崇拜"是影响青少年人格转变和社会化过程中"最初的"和"最基本"的因素，直接决定着青少年人格发展和整个身心社会化的基本方向[①]。此后，作为我国研究青少年偶像崇拜现象主要代表学者之一的岳晓东，则基于实证研究提出了青少年"偶像崇拜"和"榜样学习"之间存在的"六边形差异"，即一个绝对化与相对化、浪漫化与理性化、理想化与现实化的六边形模型，同时指出青少年偶像崇拜与榜样学习间的不同主要在于对崇拜对象的社会学习和依恋方面，前者是以"人物"为核心而后者则是以"特质"为核心，二者对青少年的自我成长所产生的影响则是不尽相同[②]。

总体而言，这一阶段国内的迷文化研究尚处于萌芽时期，研究相对零散和简单，一般是围绕着"偶像崇拜的定义""有无偶像""如何偶像崇拜"等描述性分析方面进行。同时，这一时期国内青少年迷群体的偶像崇拜行为多被冠以"误入歧途"和"病态着魔"的负面标签。

（二）兴盛阶段："超级女声"爆红引发学术界"迷研究"热潮

如果将西方迷文化研究视作是随着传播学中"受众"与"大众文化"研究的日益深入而逐渐发展起来的话，那么国内迷文化研究则是与一档名为《超级女声》的电视选秀节目及其传播构成元素（节目规则本身、草根明星、粉丝）密切相关。湖南卫视策划的这档全民造星选秀节目，通过线上线下互动的方式，使得"迷/粉丝"这一特殊群体以前所未有的组织化与规模化的姿态出现在大众视野之中。街头巷尾声势浩大的"玉米""凉粉"（注：参赛选手李某春、张某颖的粉丝昵称）等个体所组成的拉票团体异常活跃，各种与"超女粉丝"相关的报道也无不充斥于诸如电视、网络等大众媒介之中。这一社会现象的出现，打开了国内学术界研究"迷文化"的新局面，关于"迷"的研究成果开始正式刊登在中国传播学研究的相关学术期刊上。

这一阶段，国内迷文化研究的代表人物主要有孙慧英、岳晓东、陶东风、蔡骐、张嫱等。其中，孙慧英首先对"粉丝现象"及其背后的文化进行了相关的解读，指出"迷"是一种文化符号，"迷行为"是一种符号消费，而"迷群体"则是后现代消费社会的特有现象。他同时对"迷特征"进行了归纳总结，

①李海荣.青少年社会化与第一人格偶像崇拜[J].宁夏社会科学，1988(06)：36-39.
②岳晓东.青少年偶像崇拜与榜样学习的异同分析[J].青年研究，1999(07)：2-10.

认为"迷"具有偶像泛化、手段科技化、迷群多样化、追星非理性化和消费产业化等一系列特质。此外，他还尝试从文化研究和大众传播的视角，对迷文化中的"迷与媒体""偶像与群氓""狂躁和理智"以及"草根和精英"等一系列的矛盾和冲突加以分析比较，倡导人们应以一种平衡的心态去面对迷文化[①]。岳晓东则基于社会学和心理学的理论框架与多学科知识，采用分地域和分层次的调查法，对青少年偶像崇拜的成因和特征进行了论述，指出"青少年偶像崇拜是一种社会变迁的折射，并在不同的社会制度与条件下呈现出各色各样的形态"[②]。同时他认为"作为成长过程中的一种过渡，青少年偶像崇拜有其必然与自然性的一面，同时也有其盲目与困惑性的一面，对此我们不应该生硬地拒绝或排斥，而是要积极认同与正确引导"。

陶东风主编的《粉丝文化读本》对西方迷文化的重要研究成果进行了系统的翻译与集中全面的展示，内容涵盖了迷与文化消费、迷的情感与认同、迷实践中的身份政治以及迷社群与赛博空间四大领域，这为我国迷文化研究提供了重要的理论基础与参考。蔡骐则分别从社会学和传播学的角度对迷文化展开了一系列研究。蔡骐的研究成果早期主要是基于社会学的理论架构，例如通过运用功能论、冲突论和符号互动论对"迷的身份认同功能""群体冲突幻象"以及"符号互动场域"三个方面展开迷文化的社会学解读[③]。而在他研究后期，则是逐渐将重心过渡到以传播学相关理论来探讨迷文化，分析大众传播时代背景下的"明星崇拜"和"迷效应"，总结出大众媒介、明星与"迷"这三者是处在一个各取所需又相互依赖的文化产业链上，"迷"的"参与性""过渡性"以及"区隔性"特征在推动粉丝产业发展的同时，也容易导致其被媒介操纵为"机械化""模式化"和"批量化"的商品。此外，蔡骐还从经济学的角度分析研究了当今社会化网络升级和市场经济高速发展的时代背景下粉丝经济的转型过程与典型方式，并归纳出了"以偶像为核心的明星经济模式""以内容为核心的 IP运营方式"以及"以社群为核心的合伙人商业模式"等三种典型的粉丝经济模式[④]。

张嫱所著的《粉丝力量大》一书，被誉为国内第一本"迷文化研究小百科

---

①孙慧英. 漫谈"粉丝"现象及其文化解读[J]. 现代传播(中国传媒大学学报)，2006(06)：7-9，13.
②岳晓东. 我是你的粉丝：透视青少年偶像崇拜[M]. 上海：上海人民出版社，2007：3，87-88.
③蔡骐. 大众传播中的明星崇拜和粉丝效应[J]. 湖南师范大学社会科学学报，2011，40(01)：131-134.
④蔡骐. 社会化网络时代的粉丝经济模式[J]. 中国青年研究，2015(11)：5-11.

全书"。该书首先对"迷"的"前世今生"进行了系统的回顾，指出"迷的'前世'是被动的受众（面容模糊、被动接受媒介内容的乌合之众），而迷的'今生'则是主动出击、寻找内容的阅听人"，并指出这一转变的根源在于"新媒介终结了被动的受众，金融危机则加速了'迷'这一特殊受众的崛起"。其次，张嫱通过实证研究分析了粉丝经济这一文化产业的新模式，指出"粉丝经济是企业迈向多元创意社会的因应之道，存在着极大的商机"，并认为这一新型经济模式"一方面以情绪资本为核心，另一方面又以迷社区为营销手段增值情绪资本"。此外，张嫱还分析阐述了"迷"崛起的社会意义，认为"'迷'已经成为当今社会不容忽视的一股新鲜势力，'迷'在成就偶像的同时也赋予了偶像更多的社会责任，而'迷'在推动全球地方化以及丰富全球文化内涵方面所作出的贡献不应被忽视"[1]。

总的来说，这一阶段国内有关"迷"的学术研究是伴随着《超级女声》等电视选秀节目的爆火而逐渐兴盛的，并且呈现出跟随这些选秀节目的兴衰而导致关注度出现起伏的态势。研究切入点也较为单一，大多以"超女"粉丝为案例展开分析。但不可忽视的是，这一阶段国内学者的研究成果为后续学者针对粉丝现象展开更为细致深刻的研究奠定了一定的理论基础。

（三）多元与细化阶段："养成"类偶像网综与"饭圈"文化的兴起掀起迷研究新高潮

在新媒体盛行的当今社会，选秀的呈现平台已经逐渐从电视媒介转移到网络媒介，网络选秀则成为新时代造星运动的主流模式。这一模式的转变带来的主要变化是节目受众的覆盖面由"全体大众"转向"精准固定圈层的群体"。以此前火热的传统电视选秀类综艺节目《超级女声》为例，其旨在培育出全民偶像，而近年来爆红的网综如《中国有嘻哈》《创造101》《这就是街舞》等，则专注培育出服务于某一类特定群体的明星偶像。国内学术界此时也敏锐地察觉到了迷文化领域发展的这一变化，在2018年之后开始出现了大量的有关"养成类偶像"迷文化领域的研究成果，自此掀起了国内迷研究新的高潮。

朱丽丽等以迷群为切入点，采用线上参与式观察和文本分析的研究方法，总结出了迷社群"参与式陪伴""共情与移情"以及"保护与抗争"等三种情感策略，指出"迷"与养成系偶像之间构成了一种具备情感性、控制性与亲密

---

[1]张嫱.粉丝力量大[M].北京：中国人民大学出版社，2010：12-154.

性特征的"拟态亲密关系",并认为这种拟态亲密关系一方面反映出现代流行文化产业对粉丝经济具有严重的依赖性,另一方面表明迷文化已日渐深入到了大众的日常私人领域①。赵丽瑾等则对当今偶像明星的制造机制进行了探讨,指出在当今"融合文化"的社会语境下,偶像明星的表演媒介以及由此形成的制造方式与机制较之以往已出现了明显的变化,主要表现为跨媒体叙事和参与式文化生产的建构制造机制,并认为"迷"在这一机制的运作中发挥了前所未有的主动性与主导作用②。闫方洁则从媒介技术、消费文化和大众心理等多重视角,对养成系偶像及其迷文化的生成机制与内在逻辑展开了分析讨论,她指出,有别于传统的偶像塑造模式,"养成系偶像"更依赖于粉丝的支持,并由此诞生了"赋权式的粉丝",这重新定义了当今社会"粉丝"与"偶像"的互动关系,即一方面,粉丝的角色和功能变得日趋多元,不仅是作为偶像的仰慕者和文化产品的消费者,同时也是偶像的创造者、经营者以及成长的陪伴者;另一方面,偶像之于"迷"的意义也出现了进阶与升华,"迷"与偶像的亲密关系心理也逐渐从虚拟走向现实。同时她还指出"养成系"偶像及其迷文化的生成,既是新媒体赋权下文化生产权力偏移的结果,也是后福特主义时代偶像工业应对"迷"的消费需求升级的必然产物③。

此外,也有学者针对"迷社群"展开了相关研究,例如陈昕基于社会学视角对迷群体进行了个案研究,将迷群体定义为"围绕共同的情感依赖对象所形成的情感社群",并指出在当今互联网时代,迷社群一方面依托虚拟空间社区聚集,进行线上集体活动,另一方面则将线上活动延伸至线下,对内营造群体归属感,对外构建"粉都"合法性,从而在社群内部形成了清晰的规范体系和等级架构,实现了社群内部的有序性④。马志浩等则基于偶像公共物品属性的视角,通过田野调查的方式对迷群体的集体行为进行了解读,指出当今"偶像粉丝应援会"已经形成了架构清晰、分工明确的"迷阶层",并将其划分为顶层迷、核心迷和边缘迷三类,其中各阶层迷之间存在着显著的差别。如顶层迷

---

①朱丽丽,韩怡辰. 拟态亲密关系:一项关于养成系偶像粉丝社群的新观察:以TFboys个案为例[J]. 当代传播,2017(06):72-76.
②赵丽瑾,侯倩. 跨媒体叙事与参与式文化生产:融合文化语境下偶像明星的制造机制[J]. 现代传播(中国传媒大学学报),2018,40(12):99-104.
③闫方洁. "养成系"偶像及其"粉丝"文化的生成机制与内在逻辑:基于技术、文化与心理的多重视角[J]. 思想理论教育,2021(08):86-92.
④陈昕. 情感社群与集体行动:粉丝群体的社会学研究:以鹿晗粉丝"芦苇"为例[J]. 山东社会科学,2018(10):37-47.

可以通过限制消息流通，以及主动价值让渡的方式，刺激其他"迷"参与集体行动[①]。王艺璇则对当前信息化时代主流的"网络迷群体"进行了概念的界定，认为网络迷社群是"以帖子为基础，以贴吧为中心，对内向成员提供意义生产与认同建构，动员和规范成员有序参与，对外则代表迷群体与其他组织或人群进行互动的组织"。同时，她还指出网络迷社群与传统迷社群相比，具有结构多层、运作正式、功能完善、规模大型的组织化特征[②]。吕鹏等则从个体、群体、组织、文化这四个维度，对当下兴起的以追星为内核的"饭圈文化"进行了解读，指出迷个体依据异质性偏好选择进入"饭圈"，在其进入"饭圈"后随即被划分为不同类型的子群体，然后各司其职构成了一个结构完整、功能完备的生态圈。吕鹏认为在"饭圈"这一组织形态内有其专属的话语体系与运作规则，迷的角色分工以及迷社群的运作模式也具有明显的等级结构。同时，他给予"饭圈文化"以积极的评价，认为作为当今信息化时代一种典型的文化与社会现象，"饭圈"为我国互联网社会治理提供了丰富鲜活的研究样板[③]。

近年来，鉴于粉丝文化尤其是"饭圈"文化在资本和偶像工业的掌控下不断野蛮增长，由此滋生出了种种社会乱象，国内学者也开始将粉丝文化研究重点放置于对国内"饭圈"乱象的描述、批判以及治理手段等方面。季为民的《"饭圈"乱象侵蚀青年一代价值观》[④]、吴炜华等的《社会治理视阈下的"饭圈"乱象与文化批判》[⑤]、胡剑的《不良饭圈文化治理机制构建研究》[⑥]等，都是这一阶段相对具有代表性的研究成果。此类研究普遍认为，迷群体在网络新媒介和偶像工业资本的共同操控下所滋生出的诸如群体极化、流量至上、氪金应援等一系列"饭圈"文化乱象，势必会严重影响我国文化产业的健康发展，对迷群体特别是青少年群体的主体意识与价值观造成一定的消极影响，成为我国网络空间治理乃至社会治理的又一难题。

总体来看，这一阶段国内迷文化的研究浪潮是随着网络选秀和养成类偶像综艺的火热以及"饭圈"文化的出现而逐渐兴盛的。研究内容主要覆盖"养成

①马志浩，林仲轩. 粉丝社群的集体行动逻辑及其阶层形成：以SNH48 Group 粉丝应援会为例[J]. 中国青年研究，2018(06)：13-19，45.
②王艺璇. 网络时代粉丝社群的形成机制研究：以鹿晗粉丝群体"鹿饭"为例[J]. 学术界，2017(03)：91-103，324-325.
③吕鹏，张原. 青少年"饭圈文化"的社会学视角解读[J]. 中国青年研究，2019(05)：64-72.
④季为民. 警惕"饭圈"乱象侵蚀青年一代价值观[J]. 人民论坛，2021(10)：30-33.
⑤吴炜华，张海超. 社会治理视阈下的"饭圈"乱象与文化批判[J]. 当代电视，2021(10)：4-8.
⑥胡剑. 不良饭圈文化治理机制构建研究[J]. 当代电视，2021(10)：14-22.

类偶像迷群体""养成类偶像节目""养成类偶像背后的文化机制与理论"以及"饭圈"文化等方面。其中，对迷群体的研究涉及了身份认同建构、迷群形成机制以及成员内部关系等；对养成类偶像节目的研究则主要探讨了其发展现状、产生的一系列问题以及发展启示等；对养成类偶像文化机制与理论的研究则是集中分析了养成类偶像这一新型文化模式及其与传统迷文化之间的区别，养成类偶像与粉丝之间、粉丝与粉丝之间的关系与互动机制等；而对"饭圈"文化的研究则是主要集中在"饭圈"的组织形式和文化实践方式、"饭圈"乱象的批判与治理等方面。

纵观自20世纪90年代末以来国内学术界迷研究的发展历程，不难发现与"迷"相关的研究呈现出伴随着各种形式选秀类节目的兴衰而出现起伏的趋势。研究过程也由最初的对西方迷研究成果的理论梳理与介绍，发展为基于多学科研究视角来对国内人才发展现状展开的实证研究。与国外研究相似的是，国内学术界对于"迷"的描述和定义也经历了从"病态群体"到"主动参与文化者"的转变，并开始从主动（积极）受众的角度来解读"迷"这一群体。研究主要包括：（1）基于受众角度对迷现象本身及其心理动因展开分析，探索"迷"与媒介文本的互动与文化的再生产。需要指出的是，此类研究多将虚拟社区作为重要场域，探究网络对迷群行为实践的影响；（2）基于社会学角度将迷群视为一个亚文化和趣缘群体，描述迷文化的特征，分析其产生的背景以及传播机制；（3）基于经济学角度考察"追星"行为所引发的一系列迷的消费现象。然而，通过对中国迷研究成果的梳理，可以发现虽然相关研究已具备了一定的广度，但是在研究深度上仍有进一步探索的空间。尤其是近年来，随着新媒介技术以及网络社交平台的不断发展，当代迷群体有了更为即时便捷的互动渠道与更加广阔自由的文化实践场域。由此也涌现出了更多新样态的迷群体与迷文化现象，这给学术界针对新媒介环境下的迷社群和迷文化研究打开了新的窗口。

就国内外整体而言，迷文化的理论研究过程迄今为止大致经历了三个不断演化发展的阶段。首先，在将迷文化纳入理论研究层面并给予系统化论证的初始阶段里，霍尔、莫利、德赛都、费斯克以及詹金斯等一众西方学者，从"迷"这一特殊受众群体的日常行为实践入手，力图挖掘其背后所蕴含的迷文化本质。在肯定了"迷"的"抵抗性"与"颠覆性"的基础之上，重点强调了迷个体以及迷群所具有的能动性与创造性，稳固了"积极受众"观的迷研究视角，并为迷文化研究争取到了一块宝贵的理论阵地与生存空间。其次，在迷文化研究迈入到以布尔迪厄消费社会学为核心理论支撑的探索阶段之后，关于社会阶层和文化资本的相关理论则成为该阶段最为重要的理论基础。不同学者开始对"迷"的消费行为、"迷"选择的崇拜对象、"迷"的兴趣爱好、社会资本、经济资本、文化资本以及迷群中成员间的关系等一系列迷文化研究领域中的微观问题展开了系统性探索。在这一时期，迷研究开始关注社会、文化以及阶层背后"迷"个体作为"自然人"与"社会人"的本质特征，以及"迷"个体和迷群相关诉求的合理性，而这也正是迷文化研究第二个阶段里最为明显的价值与意义所在①。随后，受互联网科技和新媒介技术的不断发展以及全球化时代趋势的影响，当今迷文化的发展速度与蜕变程度已远超学者们的预期，加之历经前两个研究阶段的理论与实践洗礼，现如今的迷文化研究在概念、理论以及方法层面均转入一个更加多元化的时期。社会学、经济学、传播学、文化学、心理学等相关研究成果，均可为有志切入文化研究领域的学者们提供充足的理论与方法上的支撑。同时，鉴于网络技术、数字化技术以及信息化技术的不断发展完善，网络社交平台中的迷实践——网络时代的迷文化，更是为当下学者们展开迷研究提供了重要的突破口。

而在将中国迷文化发展进程还原至整个迷文化研究嬗变的三阶段场域中时，不难发现虽然国内迷文化研究在理论建构上处于缺位的状态，但是总体而言，国内迷文化研究的演变历程、国内迷文化的发展样态以及发展路径却是相对完整、连续且在研究脉络上是清晰可见的。国内学者对"迷"的描述与定义同样是经历了从"病态症候群"到"主动参与"和"消费文本参与者"的转变；国内的迷文化同样既有"迷"的行为实践与经济、文化、媒介等产生关联的宏观趋势，也有"迷"个体偶像崇拜、偶像泛化、"迷"的消费价值、迷文化乱象等微观现象。但是，国内学术界对新媒介环境下的迷群体研究更多的是一些应用性的对策研究，而对于作为当前迷文化实践行为主体的网络粉丝群体，则相对缺少一些系统、深入的观察与分析。尤其是对新时代媒介迷的心理动因以及迷群的社会框架所展开的探讨仍有深入研究的空间，且还存有将两者割裂开来孤立研究的情况。因此，本研究寄希望于在前人研究的基础之上，对新媒介语境下的"迷"个体以及迷群整体进行综合考量，透视其文化实践表象，剖析其背后的心理机制，同时将权力机制引入到研究之中，在分析"迷"个体自我建

①姜明.大众文化视域下的中国粉丝文化研究[D].长春：吉林大学，2016.

构的同时，探讨迷群对"迷"个体的影响与塑造，力求清晰地呈现当今迷群体
在文化实践中建构其身份认同的过程。

第二节　媒介与身份认同建构研究

身份认同作为一个极其复杂的概念，一直以来都备受学术界的重视，哲学、
文化学、历史学、心理学以及社会学等研究领域均对身份认同问题青睐有加，
不同的学者们从各个学科的角度对其展开了分析与阐述，而其中有关身份认同
的建构方式则是学术界长期以来最具争议的话题之一。近年来，伴随着互联网
科技的不断发展与广泛应用，网络空间、虚拟社区逐渐成为学术界探讨身份问
题的重要场域。与此同时，鉴于媒体长期以来对构筑不同层次的自我认同所产
生的重要影响，因此，以互联网为主体的新媒介在身份认同过程中所产生的作
用也越发引起当代学者们的重点关注。

一、国外媒介与身份认同研究综述

在如何界定"身份/认同"这一问题上，从方法论层面讲，国外学术界的
争论主要是围绕身份认同的本质主义与建构主义这两种模式展开的。其中，本
质主义认为身份认同宛若一种"外在标签"，并且这类标签是先天赋予抑或借
由主体的意志与理性而自然达成的；然而，建构主义则认为身份认同是由主体
在社会情境中选择与内化部分经验所持续建构的，并且这一过程会受到社会既
有的知识、权力机制的规训和教化[1]。前者将身份视为已经完成的事实、构造
好了的本质，因而认为身份认同是单一且确定的；但后者将身份看作是某种正
在被制造的东西，总是处于形成过程之中，从未完全结束，因而则认为身份认
同是复杂的、可塑的、流动的。

20世纪70年代，西方人文社科领域迎来了研究的"文化转向"，其核心是
肯定文化的建构角色，这对身份认同的建构尤为重要。此后，相关学者开始基
于现代性、全球化、权力关系、文化等对认同的影响，展开了一系列的研究，
形成了不同于以往的后现代认同理论。该理论的最主要特征即是不再将"同一
性自我"视为身份认同的核心，认为身份认同不是稳定的、单一的和一成不变的，

---

[1]尹弘飚，操太圣.课程改革中教师的身份认同：制度变迁与自我重构[J].教育发展研究，
2008(02)：35-40.

而是处于一个动态的、多元的、变化的"建构"过程之中。其中，历史、地理、集体记忆、权力机关、宗教启示以及当前的社会结构、社会情境等都能成为认同建构的材料，并能对身份认同产生一定的影响以及制约，所以对身份认同展开研究需放置于一定的情境中来进行讨论与分析[①]。

在当今媒介化的社会中，对身份认同的探讨则应重点关注各种形式的媒介在建构不同层次、不同类别的自我认同时所发挥的作用以及影响。这主要是由于个体要想形成对于遥远物理距离的人、事、物的认知，需要借助于各式各样的传播媒介才能较好地得以实现。且距离越远，人们对媒介形象的依赖度也随之越发地强烈。从某种程度上来讲，媒介不仅是对现实的某种直观的映射，而且还是我们对于"他者"幻想的一种投射的渠道。人们对于自我的认同总是相较于他者而界定并建构的，身份认同问题实际上则是处理"自我"与"他者"关系的问题，在"他者"的注视下，我们完成了对自我的认知与确认。无论是个体的自我身份认同，还是群体的社会身份认同和文化身份认同，都离不开"他者"这一"参照"。换言之，即为了建立起关于"我""我们"的认同，则必须先建构起"他""他们"这类参照物，继而借由对于"他""他们"的幻想来寻求"我""我们"的形象。因此，从本质而言，所有的认同实则都是一个求同存异、不断建构的动态过程。

随着互联网技术的不断发展以及全球化进程的不断推进，相关学者逐渐将研究视角转入探讨网络空间和数字媒介对现代人身份认同的影响。雪莉·特克尔（Sherry Turkle）较早地探讨了网络社区中人们是如何借助电脑与互联网来进行互动，以重新定位自我、寻觅自我、探寻认同的过程，同时他概括出后现代主义自我认同的"去中心化""多元化"以及"碎片化"的特征。麦肯纳（Mckenna）等则基于对青少年这一特殊受众群体网络行为的观察与分析，提出互联网是当代青少年群体展现自我、建构自我进而重构不同维度自我认同的重要方式[②]。尤尔希辛（Yurchisin）等在此基础之上进一步加深了相关研究的层次，提出人们不仅可以借由网络虚拟空间进行自我身份的重构，同时还能对自我在现实生活中的真实身份予以重塑，且这种重构、重塑的身

①曼纽尔·卡斯特.认同的力量[M].曹荣湘，译.北京：社会科学文献出版社，2006：6.
② McKenna,Katelyn Y.A.,Bargh,et al.Coming Out in the Age of the Internet:Identity 'Demarginalization'through Virtual Group Participation[J].Journal of Personality & Social Psychology,1998:681-694.
③Jennifer Yurchisin,Kim K.P.Johnson.Fashion and the Consumer[M].Oxford: Berg,2000:265-267.

份认同会影响人们在现实世界中的情感、行为与举止③。卡斯特（Castel）则基于网络社会的理论背景，探讨了身份认同在社会运动与政治层面的建构以及重塑。此外，还有部分学者对媒介文化维度的身份认同进行了相关的探索，如莫利等以数字化媒介为脉络，对欧洲在一体化进程中出现的认同问题进行了梳理与分析；凯尔纳（kellner）则从媒介政治的视角分析了流动中的个体身份认同。

二、国内媒介与身份认同研究综述

国内学者同样也对媒介与身份认同展开了相关的探索，刘燕以后现代认同的媒体与社会语境改变作为研究背景，以人的"主体身份"变化作为出发点，分析了后现代社会情境中个体以及群体多元化的身份与认同现象，重点探讨了电子媒介在各个层面上对后现代认同所起的塑造与建构作用①。杨桃莲以大学生博客为研究场域，从心理、社会和文化等层面，着重考察了当代大学生如何在网络空间中利用媒介来主动完成自我建构、角色确认以及文化归依②。此外，也有学者以网络空间为研究场域，对迷个体和迷群的认同展开了分析与探讨。如邓惟佳采用质性研究的方法，以中国"网上美剧迷群"为例展开个案研究，较为深入地呈现了网络迷群体"个体自我认同"与"群体认同"的不同建构方式，同时对媒介使用与迷群身份认同之间的关系做了尝试性论述，但是研究内容的大量篇幅被用于现象的描述，对迷群认同背后的社会心理因素涉及面相对不足④。李思思则在此基础上运用社会心理学相关理论，对赛博空间中韩流迷群的个体认同与集体认同展开研究，试图全方位多角度呈现当代个体建构"迷身份"的心理机制以及社会语境，但是其研究对"迷"现象背后隐藏的文化机制与社会语境，以及新媒体环境下"迷文化"与"主流文化"的冲突与融合尚未展开深入探讨与分析，略显遗憾。

总体而言，欧美学术界多将认同研究重点放置于身份政治认同以及媒介文化认同的层面，而国内学者更多的是关注各种族群的认同，但是对群体认同的研究尚相对较少涉猎，且相关研究大多浅尝辄止，有待进一步深入挖掘

---

①刘燕.后现代语境下的认同建构[D].浙江大学，2007.
②杨桃莲.大学生自我认同的建构[D].复旦大学，2009.
③邓惟佳.能动的"迷"：媒介使用中的身份认同建构[D].复旦大学，2009.

与扩展延伸。在当今网络化的社会，伴随着数字化技术的飞速发展以及互联网科技的日益完善，人们获取信息的渠道以及呈现自我的平台已变得前所未有的丰富。作为当今亚文化群体中最为常见的组织形式之一，各种各样的网络迷群如综艺迷、影视迷、游戏迷、体育迷等，俨然已经成为媒介研究领域的重点关注话题。与此同时，随着互联网空间里各种亚文化群体的不断诞生以及日渐壮大，与之相对应的各种网络虚拟社群，在影响人们社会生活的同时，也在不断重塑整个社会的文化语境。因此，以网络空间场域内的"迷"群体为切入视角展开分析探究，无疑为我们了解当前新媒体环境下受众是如何完成由个体到群体的认同建构，思考现代人如何去重塑自我认同与集体认同，如何去摆脱面临的认同危机等，提供了新的研究路径。

第三节 "体育迷"研究

在当今多媒体数字化的时代，体育赛事的传播媒介已经从电视、广播等传统媒体延伸至各种互联网终端、社交媒体以及自媒体等新媒体形式。随之而来的则是带来体育受众在全球范围内的暴增，尤其是在某一特定时段，例如夏季奥运会、足球世界杯赛和NBA总决赛等"奇观"赛事进行的时候，体育受众则在大多数国家和地区内处于社会人群中较大比例的存在，成为世界范围内数量较为巨大的群体类别。因而，各种形态的"体育迷"群体也成为学术界研究迷文化以及身份认同领域重要的切入点之一。

一、国外体育迷研究综述

作为"迷"文化的重要分支，西方学术界早在研究粉丝现象之初就有学者专门关注并撰文分析了"体育迷"这一特殊受众群体。然而，与歌迷、影迷等类型的粉丝群体一样，早期学者们对于体育迷的认知也多是偏向于"被动""消极""病态""疯狂"等负面的描述。例如，法国社会学家皮埃尔·布尔迪厄在20世纪70年代就在其所著《体育与社会阶层》（*Sport and Social Class*）一文中对体育迷进行了描述，将其称之为"虚幻的参与者"。英国社会学家齐格蒙特·鲍曼（Zygmunt Bauman）更是将体育迷这一群体指涉为"更衣室社

---

① Bourdieu P.Sport and Social Class[J].Social Science Information,1978,17(6):819-840.

群"，认为其除了有购买新球衣、新球鞋等消费行为之外，并无任何价值创造能力[1]。

美国传播学者乔丽·简森（Joli Jensen）甚至认为"体育迷"是非常危险的，是"歇斯底里的狂热分子""疯狂的群体成员"[2]。但是，随着媒介赛事的不断发展以及体育受众群体的日益壮大，人们对于体育迷群的认知也随之发生了改变。现如今，体育迷不仅被看作是职业体育中不可替代的"重要参与者"以及媒介体育赛事的"重要组成部分"，即体育迷与运动员、教练员和裁判员等一同构建起了体育赛事，而且，体育迷的文本生产力和参与性也得到了认可，体育迷已成为体育文化建构的"主动参与者"以及体育文化传播的"积极推广者"。

西方学界针对体育迷的相关研究成果在2008年以前相对较少，自2009年开始发文量则逐年上升，之后基本保持着逐年增长的态势，这一时间节点正好与互联网和移动社交媒体技术的高速发展期相吻合。

在互联网时代，移动社交媒介的应用与普及使得散落于不同国家、地域以及文化语境下的体育迷，在赛博空间中因为"共享理念"而彼此相连，并形成日益庞大的受众群体，不断影响着体育产业的发展。与此同时，借助网络赋权，体育迷完成了从消费者向"生产性消费者"的身份转换，而这一转变打破了长期以来传统的体育俱乐部与体育迷间话语权的分配格局，随之产生的各种社会、经济以及文化问题便自然而然受到了学术界更多的关注。因此，学者们基于不同视角，对体育迷展开了相关研究，具体可概括为以下三个方面。

（一）基于心理学视角的体育迷情感与动机研究

国外学者针对体育迷心理层面的研究，主要集中于体育迷的情感体验与行为动机两个方面。其中，对情感体验的讨论主要聚焦于体育迷的情绪状态和观赛满意度。

如福鲁（Foroughi）等指出体育迷的情绪状态与球队特征、球员表现之间具有显著相关性，当球队获得比赛胜利时，体育迷的情绪会变得异常高涨，并表现出"沾光效应"（Basking in Reflected Glory），诸如身着球队比赛服、用"我们""咱"等表亲密的词汇指称自己支持、钟爱的队伍等；反之亦然，

① Bauman Z.Liquid Modernity[M].Cambridge: Polity Press,2012:200.
② Jensen J.Fandom as Pathology:The Consequences of Characterization[A].In Lewis
.(Ed.),The Adoring Audience:Fan Culture and Popular Media[C].London: Routledge,2001:9.

体育迷也会随着球队的失利和球员糟糕的表现而变得气馁和焦虑[1]。马德里加尔（Madrigal）等则通过借鉴消费者满意度指数模型，建构出了适用于体育迷的观赛满意度结构模型，并通过该模型检验了"期望不一致""体育迷球队身份认同""对手能力"等三个认知前因对体育迷沾光效应和观赛享受的直接影响[2]。延（Yen）等则指出体育迷观赛满意度还受其所感受到的包括门票价格、营销方式、配套设施等服务体验的影响，认为服务体验是影响体育迷观赛满意度和赛事参与度的重要中介因素[3]。

而对体育迷行为背后动机的研究，则主要包括其心理动机和社会动机两个方面。詹姆斯（James）等认为体育迷消费行为的心理动机主要为美学（aesthetics）、娱乐（entertainment）、自尊（self-esteem）、摆脱（escape）和良性应激（eustress）[4]；韩（Han）等则指出体育迷行为最重要的社会动机主要包括选手迷恋（player attachment）、球队依恋（team attachment）、团队荣誉（community pride）、家庭关系（family bonding）和群体归属（group affiliation）[5]。此外，还有学者基于实证研究指出不同的群体具有不同的动机偏向。卡普兰（Kaplan）等指出不同国籍的体育迷在观赛动机方面存在着一定的差异，如韩国体育迷偏向于个人利益（家庭、球员），日本体育迷更偏向于运动技能、娱乐、替代成就和团队认同等；中国体育迷倾向于美学和团体归属，而美国体育迷则更倾向于自己喜欢的运动员。[6]

（二）基于社会学视角的体育迷行为研究

西方学术界针对体育迷行为的研究主要聚焦于其观赛行为，主要是对破坏比赛、酗酒、暴力攻击等负面行为的研究以及消费行为研究两个方面。瓦勒朗

[1] Foroughi B,Nikbin D, Hyun S.S.,et al.Impact of Core Product Quality on Sport Fans'Emotions and Behavioral Intentions[J] International Journal of Sports Marketing and ponsorship,2016,17: 110-129.

[2] Madrigal R.Cognitive and Affective Determinants of Fan Satisfaction with Sporting Event Attendance[J].Journal of Leisure Research,1995,27(3):205-227.

[3] Yen C.C.,Ho L.H.,Hsueh Y.S.,et al.Impact of Japanese Professional Baseball Fans'Satisfaction on Sports Participation Behavior[J].Social Behavior and Personality:An International Journal, 2012,40(9):1465-1475.

[4] James J.D.,Ross S.D.Comparing Sport Consumer Motivations Across Multiple Sports[J].Sport Marketing Quarterly, 2004,13(1):17-25.

[5] Han D.,Mahony D.F.,Greenwell T.C.A Comparative Analysis of Cultural Value Orientations for Understanding Sport Fan Motivations[J].International Journal of Sports Marketing & Sponsorship,2016,17(3):260-276.

[6] Kitamura K.Comparative Analysis of Sport Consumer Motivations Between South Korea and Japan[J].Sport Marketing Quarterly,2007,16(2):93-105.

(Vallerand)等指出对体育抱有理智、良性、健康的喜爱有利于体育迷收获乐观、积极的情感体验以及较高的生活满足感与满意度，但是对体育运动过于痴迷的、非理性的热爱则容易导致体育迷出现一系列不良行为，例如个别主队球迷在观赛时会嘲笑客队的球迷或者球员，对其进行言语上的攻击，甚至引发球迷间的暴力冲突等；或是部分球迷为了观看比赛而导致耽误自己的本职工作、学习等；在个别地区，"足球流氓"甚至成为一个国家的主要社会问题[1]。

吉田（Yoshida）等认为体育迷支持其所钟爱的队伍、运动员以及俱乐部的最直接方式，就是购买比赛门票进行现场观赛、购买俱乐部或者运动员的周边商品、订阅与队伍或者队员相关的媒体资讯等消费行为，而这一系列消费行为则是与体育迷的动机、心理诉求、情感归属以及身份认同有着紧密的联系；体育迷钟情于为自己喜爱的参赛队、运动员抑或俱乐部贡献其力量，无论胜利与否，体育迷们均保持忠诚，努力维护自己喜爱的俱乐部或者运动员的利益；体育迷们通过消费行为来展现其身份认同度以及忠诚度，是所有职业体育俱乐部乃至全球体育产业得以可持续、健康发展的重要保障[2][3]。

（三）基于文化学视角的体育迷媒介使用、性别抗争和身份认同研究

国外学者从文化视角对体育迷所展开的相关研究主要聚焦于体育迷的社交媒介使用研究、男权社会中女性体育迷的抗争研究以及体育迷的球队身份认同研究等方面。

斯塔夫罗斯（Stavros）等指出，社交媒介"即时性"特征与体育赛事的"短暂性"之间有着较高的适配度。体育迷不仅能通过媒介关注体育赛事的相关动态，同时还可以借助社交媒体与其他体育迷实现线上即时的交流和互动。此外，社交媒体还赋予了体育迷"内容生产者"的角色，体育迷可以依据个人喜好来创造文本或者其他形式的内容，然后借由社交媒体来向社会传递自己的心声，这也使得俱乐部和运动员开始越发重视体育迷在社交媒体上的影响力，进而借助媒介尝试与体育迷建立起一种长期稳定的联系。

① Yoshida M.,Gordon B.S.,Nakazawa M. Conceptualization and Measurement of Fan Engagement: Empirical Evidence from a Professional Sport Context[J].Journal of Sport Management,2014,28(4):399-417.
② Giampiccoli A.,Lee S.S.,Nauright J.Destination South Africa:Comparing Global Sports Mega Events and Recurring Localized Sports Events in South Africa for Tourism and Economic Development[J].Current Issues in Tourism,2015,18(3):229-248.
③ Stavros C.,Meng M.D.,Westberg K.,Farrelly F.Understanding Fan Motivation for Interacting on Social Media[J].Sport Management Review,2014,17(4):455-469.

　　在体育研究领域，女性体育迷长期处于边缘化的角色。一直以来人们都认为女性体育迷不是真正意义上的体育迷，只是单纯的体育消费者，认为她们不具备相关的体育知识，或是受家庭环境影响，或是仅仅被某些运动明星的性感特质吸引才变得开始关注体育赛事。然而埃斯豪德（Eemonde）等人的研究认为，女性体育迷对男性运动员的情绪化表现，其本质是对男权主宰的体育迷社群所做出的一种抗争与挑战[①]。借助电视媒介所呈现的女性体育参与以及贡献，女性体育迷获得了赋权，从而挑战了"在由男性拥有绝对主宰地位的体育迷世界中，女性必须得到男性的引领与认可才能成为真正的体育迷"[②]这一传统观念。

　　认同问题一直是国外体育迷文化研究领域重点关注的话题，对体育迷的认同研究一开始主要聚焦在球队身份认同方面。布兰斯科姆（Branscombe）等将其描述为"体育迷所感知到的自身与其钟爱球队间的心理羁绊"，这种羁绊在某种程度上缓解了受众因地域流动性和工业化加剧等因素所带来的沮丧感、焦虑感以及疏离感。同时，他认为在一定程度上这种羁绊甚至取代了基于国家、地区、宗族等传统因素所带来的认同感[③]。而随着研究的不断深入，西方学术界对于体育迷认同的研究则逐渐由早期的以体育迷的消费行为和认同度的测量为主要内容的"球队身份"研究，过渡到以自我认同、群体认同、社会认同为理论架构的对体育迷的身份是如何影响其日常行为以及体育迷的群体成员身份对个体迷行为的同质影响等方面。此外，还有学者指出，身份认同使得体育迷可以把俱乐部或者运动队当作是自我的一种延伸。当俱乐部取得胜利时，会激起体育迷对运动队以及自身的信心，使得个人以及集体的自尊相应得到了增强。但是也有学者指出，这种认同在促进体育迷的亲社会行为、提高其生活满意度的同时，也会导致一些不良行为的出现，如敌视对方球员、球队以及对方球迷，甚至对其采取言语辱骂和暴力攻击行为。

　　通过对相关研究成果进行梳理发现，西方学界针对体育迷的研究主要基于社会学、心理学和文化学的理论架构，并逐步延伸至体育学、传播学、管理学、经济学等相关学科领域，具有典型的跨学科特点。同时，在研究维度方面宏观

---

① Esmonde K.,Cooky C.,Andrews D.L.That's Not the Only Reason I'm Watching the Game:Women's(Hetero)sexual Desire and Sports Fandom[J].Journal of Sport & Social Issues,2018,42(6):498-518.

② Sveinson K.,Hoebe R.L.Female Sport Fans'Experiences of Marginalization and Empowerment[J].Journal of Sport Management,2016,30(1):8-21.

③ Branscombe N.R.,Wann D.L.The Positive Social and Self-Concept Consequences of Sports Team Identification[J].Journal of Sport & Social Issues,1996,20(2):115-127.

与微观并重，并且十分重视理论与实践的联系。不仅有对体育迷身份认同的宏观研究，而且又有对体育迷的行为举止以及情感与动机方面的微观分析；既有从女性主义视角，对传统男性霸权的体育迷世界中女性体育迷的赋权与价值探讨，还有对体育迷的消费行为以及暴力行为的实证研究，出现了一批在国际上有一定影响力的学者，同时也积淀了一批较为经典的研究成果，形成了一套较为成熟的研究范式，但是针对网络社区内的体育迷群体所展开的相关研究还较少，有待进一步丰富和完善。

二、国内体育迷研究综述

国内针对体育迷的相关研究则起步较晚，最初只是有关特殊或者知名体育迷个体的一些人物传记，球迷实践活动的（以足球、排球项目为主）一些新闻性报道，以及球迷不良行为的心理过程与应对策略研究。如白君玲等基于社会心理学和管理学的相关理论，通过对沈阳45位足球迷进行访谈调查，分析了球迷骚乱的心理过程，指出球迷集体骚乱这一越轨现象的出现是在一定的外环境激惹条件下才会发生的，并总结出了球迷在整个骚乱过程中所经历的三个心理阶段——情感危机、意志危机以及意志退让[①]。徐群、雷宏则首次以"体育迷"的整体概念，对困扰当时体育界主要难题之一的体育迷暴力行为展开初步探讨，指出体育迷的暴力行为是由一系列人际、环境因素以及社会条件相互作用所最终产生的，认为对这些因素的预测有助于控制潜在的暴力行为的出现。然而在此后的一段时间内，国内学术界有关体育迷的整体研究则略显停滞，关注度不高且发文量很少，直到郭晴翻译了劳伦斯·文内尔的《媒介体育、性别、体育迷与消费者文化：主要议题与策略》一文，才将体育迷研究重新拉回国内学术界的视野。

近年来，国内学者从不同视角对体育迷这一特殊受众群体展开了相关研究。王随芳以媒介与受众相关理论为其研究框架，结合具体的事例分析了传播过程中新媒介与"体育迷"之间相互影响、相互促进发展的辩证互动关系，并对新媒介体育传播与体育迷之间有可能产生的异化现象进行了探讨，指出互联网时代"新型体育迷"对新媒介使用的过度依赖，极易导致其对现实世界的判断能力日益丧失。数字化生存方式下体育迷的一些实践行为已不再是对客观世界及

---

① 白君玲，刘德佩.球迷骚乱的心理过程与管理对策[J].体育科学，1988(03)：10-12，93.

其变化的真实反应，而是变成了对新媒介作用下的"拟态环境"的反应。这一转变容易导致体育迷群体滋生出一些病态的心理活动，继而产生一系列"疯狂"的外在行为表现，这会对体育迷在真实世界的交往互动产生十分不利的影响。王随芳认为只有适度的使用新媒介才能有效促进体育迷自身的健康和体育运动的良性发展。郭思彤等则基于社会认同理论，以老年球迷群体作为研究对象，对当今新媒体时代社交媒介使用与球队认同、孤独感和集体自尊之间的关系进行了探究，指出社交媒体的使用对球迷群体的集体自尊有正向预测作用，但与孤独感没有明显关系，而球队认同则对社交媒体的使用有正向预测作用，这一研究扩展了学术界对于不同年龄段的体育迷的认知。而庞晓玮[1]等则从女性视角对媒体拟态环境中的女性体育迷群体进行了探讨。她认为，一方面，经过媒体的诠释，女性体育迷成了"被男性观赏的客体"，在媒体叙事中失去了主动性，被客体化为一个狂热又美丽的"符号"；另一方面，她指出大众媒体对女性体育迷的构建是当前信息环境下的必然结果。同时，她提出发展女性体育以提升女性在体育领域的地位，并适度扩大女性体育记者群体以维护女性在体育领域的话语权，这是解决女性体育迷媒体形象异化现象的重要途径。此外，冯瑞[2]则基于体育迷身份认同视角，对体育迷的身份认同维度展开了探讨，指出体育迷的身份认同可能呈现出多个不同的维度，并对其进行了分类：依据体育迷对身份认同程度的大小将其区分为强认同和弱认同；依据体育迷对运动队和运动员支持的倾向性与认同之间的反差，将其划分为正向认同、反向认同和零度认同；借由引入"认同度"这一概念并基于认同样态，将其划分为一元认同、多元认同和等量认同等。

　　总体而言，国内体育迷研究虽取得了一定的成果，但整体上仍处于初级研究阶段，且更多的研究指向"球迷"，与"球迷"相关的学术论文和学位论文数量相对较多，研究内容也已经涉及球迷文化的考量、球迷群体性突发事件的探究以及对球迷自身所蕴含的经济、政治、阶层背景等元素的分析，但研究的深度和广度仍有待提升。与国外体育迷研究相比，国内学术界对体育迷的探讨多以微观层面的现象考察为主。虽然其中也不乏对老年和女性体育迷群体的现状所展开的分析研究，但总的来说，国内对体育迷的研究还是多以应用性的对策研究为主，对新媒介语境下体育迷文化的研究，则大多是以各种体育迷文化

①庞晓玮，杨剑锋.媒体拟态环境中的女性体育迷[J].青年记者，2016(35)：33-34.
②冯瑞.体育迷的身份认同维度研究[J].成都体育学院学报，2014，40(11)：50-55.

乱象给主流文化、社会发展所带来的消极影响为出发点，聚焦于体育迷文化乱象的描述、批判与治理等方面。而对作为体育迷文化实践主体的体育迷群成员，相对缺乏系统深入的研究，基础理论研究则相对很少，尤其是对于体育迷身份认同这一重点问题所展开的探究更是有着较大的拓展空间。因此，本研究试图以"篮球迷"这一当前国内极具代表性的网络体育迷群体作为切入视角，以观展/表演范式为基础理论框架，同时引入体育学、传播学、社会学以及社会心理学的相关概念，旨在通过观察分析网络空间场域内篮球迷群体的日常生活实践，透视他们文化层面的作为及其背后的心理机制，以此来较为完整地还原出篮球迷这一特殊受众在网络虚拟环境下与偶像文本的互动，探寻篮球迷是如何在网络空间中形成与建构起个体以及群体的身份认同的。

第四节　理论基础：观展/表演范式与文化认同理论

一、观展/表演范式

随着大众传播媒介的日益发展，尤其是近年来以网络为代表的新媒介在世界范围内的广泛普及，现如今的媒介受众群体已不再仅仅是"被动的接受者或媒介的目标对象"，而将成为"探寻者""交谈者""反馈者""谱写者"等多元化角色中的任何一个。媒介环境的不断变化不可避免地影响着受众的角色选择，特别是在当今媒介化的社会，大量的媒介影像不断涌入我们的日常生活，并与商业或市场产生结合，导致现代人越发处于一种"媒介饱和"的状态之中。在此背景下，仅局限于认为受众是基于自身需要或者个人偏好来决定其接收的文本内容，或是受众有能力诠释文本并建构意义，显然已难以适用于当今的受众研究。这也使得学术界开始重新审视已有的受众研究范式，进而提出各种观点或方案来尝试解决受众角色不断变迁所产生的一系列问题。其中，针对各类"迷"这一受众研究领域重要且特殊的群体，相关学者则根据所处的时代背景、文化以及传播语境提出了不同的研究范式。

研究范式决定了受众的角色定位以及研究方法的选择。在此前很长一段时期内，在受众研究领域尤其是针对青年亚文化所展开的相关研究中，收编/抵抗范式一直占据着主导地位。该范式的建立来源于霍尔的"编码/解码"理论，主要应用于分析传播过程中"意义"的建构过程。收编/抵抗范式将受众视为社会建构的产物，认为"意义"的产生是由传播者与受众通过文本这一中介协商而成的。该范式一方面强调了受众具有主动参与文本意义诠释的能力，这为早期迷文化研究确立了主动性受众的分析视角；另一方面则强调了受众的媒介使用行为是存在于诠释社群中的"共享性"行为，这为早期的媒介效果研究做出了一定的补充。收编/抵抗范式关注的焦点主要在于受众在接受文化工业产品和参与文化消费的过程中，究竟是对文本所体现的主导意识形态进行了"抵抗"，还是被其完成了"收编"。因而，在收编/抵抗范式中，到底是"文本主导"还是"受众主导"，一直以来都是学术界针锋相对的辩论点，至今也没有一个明确的答案。长期以来，媒介研究犹如钟摆一样在受众主导与文本主导两个极端立场之间摇摆不定。但是，自20世纪90年代之后，则开始逐渐偏向受众主导一端。其实就本质而言，收编/抵抗范式的核心问题实则是权力之争，具体到迷研究之中就是迷与文化工业之间的权力之争，即文化工业试图收编迷的文化趣味，而迷则对文化工业的产品进行着抵抗与反收编。

在对收编/抵抗范式进行了全面的梳理以及系统的分析之后，英国社会学学者阿伯克龙比与朗赫斯特总结出了该范式尚存有三个主要问题亟待解决：其一，两位学者认为"积极的受众"虽然能够参与"意义"的生产，但是这些产出的"意义"并不一定与"抵抗"相关。换言之，即"积极的受众"并不等同于"对抗的受众"。因而，如何明确区分"积极的受众"与"抵抗的受众"是收编/抵抗范式首先需要解决的问题；其二，收编/抵抗范式下的研究多针对一个文本或一类节目，在研究广度上相对有限，因此，这一从小规模实证性研究中所得出的范式是否足以支撑大范围的"社会霸权理论"概念仍需考证；其三，当权利的性质及其与文化的关系发生改变时，收编/抵抗范式则难以保持一贯性。

在此基础上，两位学者借由印度籍美国人类学家阿帕度拉的"媒介景象"观，同时结合变化了的粉丝阅读模式，继而提出了"观展/表演"范式（Spectacle/Performance Paradigm）这一全新的受众研究范式。不同于收编/抵抗范式以权力为核心，观展/表演范式则是将关注重点置于探索受众是如何通过媒介景观构建日常，并经由媒介消费行为形成、建构以及重塑身份认同的。观展/表演范式的提出开拓了迷文化研究的新视野，两位学者将媒介消费行为与身份认同的观点纳入受众研究之中，重视"迷"的媒介消费实践所呈现出的自我形象的探寻与建构，重点突出了身份认同的概念，巧妙地避开了之前迷研究中关于迷究竟是"被主流意识形态所收编"，还是"积极抵抗主流意识形态"的长期争论。

而是关注"迷"在复杂语境之下日常生活中的自我身份的形成与建构，侧重于探讨迷的自恋心理以及表演、表现的个体动机，从一个较为崭新的视角来审视后现代媒介景观之下的受众媒介消费情况。与此同时，两位学者还将吉登斯的"反思性"引入观展/表演范式之中，指出受众能经由"反思性"来组织自我认同的建构过程，进一步强调了"迷"的主观能动性。

观展/表演范式的提出大约是在20世纪90年代末，彼时尚处于新媒体技术发展的初期阶段。网络、社交媒体、即时通信、智能手机等远没有现如今这般繁荣兴盛，因而作者并未详细论述新媒介图景对该研究范式的影响。但是作者却预见到了未来媒介发展与变革的主要趋势，即无处不在、无时不在的媒介景观对大众所产生的潜移默化的心理与行为的影响。该范式是将全球化背景下文化流动与交融所呈现出的"媒介景观"看作是当今世界的构成要素，主张受众可以自主、能动地从各种"媒介景观"中汲取"想象"，从而以"表演"的形式将整个世界建造为"奇观"。这一新范式的出现也成了当今新媒体环境下，受众研究范式转换的一个理论的桥梁，即将受众研究的视野从文本转移至无处不在的媒介景观，将研究的关注点从重视受众意识形态的收编与抵抗过程，过渡至受众主动的媒介使用行为，以及日常生活中的身份建构与重塑过程。

（一）观展/表演范式中的关键概念

1. 扩散受众

伴随着互联网科技、数字技术以及信息通讯手段的不断完善与广泛普及，相较于以往的传统受众而言，当今时代的受众群体所面临的媒介景象已变得越发复杂。主要表现为媒介图景消费的泛滥、日常生活的商品化趋势，以及同一影像重复出现于不同类型的媒介之中等一系列现状。基于此，阿伯克龙比与朗赫斯特在其"观展/表演范式"中拓展了传统受众的概念，提出了"扩散受众"这一新的观点。他们认为，在媒介影像已经广泛渗透并侵入人们日常生活的当今媒介化的社会，我们无时无刻不被媒介信息所围绕，人们的日常生活实践已经与媒介消费行为密不可分，没有人能够摆脱受众的角色。因而，在当今社会每个人都直接抑或间接地成为受众。具体而言，扩散受众这一概念主要由以下四个因素所构成：其一，日常花费大量时间用于媒介消费；其二，媒介无所不在且难以与日常生活分割开来；其三，当今社会本质上是一个表演的社会，相当多的人类活动都包含了表演的成分，表演者与受众之间的差距已经弥合，受众自身同时也是表演者；其四，扩散受众是"观看"（Spectacle）与"自恋"（Narcissism）两个过程交互作用的结果：一方面，世界借由"观看"得以形成，而另一方面，受众的主体性则借由"自恋"得以建构[①]。"扩散受众"这一概念的提出赋予了传统受众新的内容，同时也更好地体现出了当前社会媒介饱和状态下"人人皆受众"的受众新特征。

2.观展

在观展/表演范式中，"观展"（Spectacle）一词具有"看"与"被看"的双重含义。即一方面包括"作为主体的观看"，另一方面同时包括"作为被展示观看的客体"存在。在阿伯克龙比与朗赫斯特看来，在观展的社会中，人、事、物不能单纯地被看作是理所当然的存在，而是被凝视、标记以及控制的。换言之，即在当今媒介化的社会，世界被视为是一种"表演与展示"的存在，世间万物皆是为了博取他者的注视而表演与展示。整个世界犹如一个人人都可参与的集体大派对，其中，新传播媒介的广泛普及则是"观展社会"得以形成的重要驱动。在早期的传统媒体时代，人际信息的传播与分享的平台是相对有限的，真正能够拥有表演主角光环的只有少数个体，例如一些影视明星、体坛偶像等。然而，在当今新媒体时代，以贴吧、微博、网络社区、自媒体为主体的各种网络社交平台和即时通信软件的普及与应用，则为全民集体式的观展表演提供了绝佳的舞台，每一个人都可以借由一定形式的媒介来表演自我，人人都能成为表演的主角。

3.自恋

"自恋"（Narcissism）这一概念在观展/表演范式中指的是人们所进行的表演似乎是为"他人"所观看的，而这种观众有可能是真实存在的，也有可能只是幻想出来的。"自恋"与"观展"是"扩散受众"得以形成的两个重要因素，如果仅有观展而缺少自恋的同时发展，那么扩散受众也就无法形塑。在当今这个日益以视觉体验为主要价值准则的媒介化社会中，事物的外观越发成为美学评论的主要对象，实用性和功能性则不再成为考虑评判的基准。这一现

[①]康彬.新媒体时代的受众研究：由麦奎尔的《受众分析》谈起[J].新闻知识，2011(01)：30-32.

象使得原本依附于事物本身和所指的"图景"拥有了独立的意义，从而导致了受众日常生活的美学化，继而使艺术与生活产生了混淆。艺术变得随处可见，艺术可以是任何事物，生活本身也成了艺术。而经由各种媒介所产生的影像洪流，成为现代人欲望与情感的投射。当代主体犹如希腊神话里的纳西索斯一般，沉醉于媒介景象所反射的倒影中自我陶醉、无法自拔。观展/表演范式认为，正是由于受众对美学化的图景的自恋，主体才会将自身视为时时刻刻被他者所注视的"表演者"。总的来说，大众媒介对日常生活的全方位渗透建构出了一个"表演式的景观社会"，而"自恋"正是受众将自我看作是"被观看的表演者"的"观展"的应对。"自恋"与"观展"犹如一个硬币的两面，人们一方面观看他人的表演，而另一方面则为自己"想象的受众"进行表演，同时兼具"观众/表演者"的双重身份，继而形成了"观展/自恋循环"①。

4. 想象

在阿伯克龙比与朗赫斯特看来，"想象"（Imagination）是观展/表演范式中"观展/自恋循环"机制得以维持的最根本要素。一个观展、自恋和表演的社会是无法离开想象的力量的，人们必须通过想象来思考与选择自我风格呈现的方式。而这种风格表达的则是个体想要成为什么样的人，以及希望他人如何去想象自己。想象的这种力量在建构扩散受众时改变了成员彼此间的关系，使得人人都成为他者表演的观众，甚至可以说扩散受众即一个想象中的共同体，想象的力量使得共同体中的受众在很大程度上超越了时间与空间的限制。但想象的成功必须有能使其运作的资源。而在当今社会中，媒介则成为那个最为重要的资源。在美学化的社会里，受众被各种媒介所包围，人们通过媒介获取日常生活中"观展/自恋循环"的驱动资源。媒介所提供的影像犹如一面镜子，让人们得以从不同角度展演自己，审视自己的风格，并想象他者的回应。但需要注意的是，日常生活的美学化以及人们对自我映射的迷恋并不能直接建构起受众的自我认同。只有将这些分散的视觉资源（Visual Resources）进行整合，同时借助想象的力量进行认同的拼接，才能真正建构起身份的认同。

在观展/表演范式中，媒介影像、受众、想象、观展/自恋等要素之间的关系可以用图2.1来阐释。

①史丹."非主流"群体的自我建构：以观展/表演范式为框架[J].当代青年研究，2009(07)：19-26.

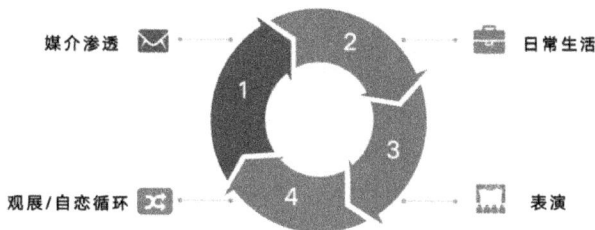

图 2.1 观展／表演范式中各要素之间关系图

如图2.1所示，在当今媒介化的社会，多样且丰富的传播媒介带来各种影像资源的激增。伴随着这些影像资源的跨媒介、全球性流动，人们开始逐渐被这股影像的洪流所包围，所有人都无法避免媒介的渗透，每个人都直接或间接地成了受众。媒介影像对人们日常生活中方方面面的全方位渗透，促成了受众间更为广泛和频繁的互动，而这种互动则反过来激发了受众对媒介参与的热情，加深了受众对媒介所呈现内容的认同。受众为了展示这种认同，则会选择相应的媒介资源进行自我风格的美化与认同的拼贴，继而公开在他者面前进行表演。例如，某些球迷会身着球队的比赛服，佩戴球队的标志等，并以此来"想象"他者的反应，将"自我表演"置换为"他者观看"。在认为自己时时刻刻都在受到他者观看的"自恋"心态下，通过"观展/自恋循环"，引发自身对获得更多媒介影像来作为自我表演基础的欲望，而这种欲望又进一步促成了媒介影像的不断渗透，观展/表演范式中各要素的动态循环关系也得以形成。在这一动态循环过程中，受众的自我认同则不断被建构与重塑。

（二）观展／表演范式述评

时代的发展以及媒介环境的不断变化与更迭，带来了受众角色的一系列转变。在以互联网为主体的新媒介环境下，新型受众群体呈现出了比以往更加复杂的互动模式。"观展/表演"范式的提出，则为当今新媒介环境下的受众研究打开了一个全新的理论视角。特别是在由互联网所构建的虚拟空间中，对受众在"展演"过程中所体现出来的心理特征与行为方式进行分析，不仅能为研究网络社会中的受众文化提供相应的实证素材，同时还能体现出网络受众的自我建构过程。此外，"观展/表演"范式将受众的主动性提升至对媒介景观的再造以及对日常生活的自我建构之上，这就跨越了受众研究领域长期以来将"受众"与"文本"二元对立的屏障，使得该研究范式更加适用于分析阐释当前网络社区中出现的各种现象与问题，同时，也更为适用于媒介迷领域的研究。

然而需要说明的是，尽管"观展/表演"范式对媒介迷有着很强的解释力，但该范式也有其不足之处，主要表现在：局限于从心理因素的角度解释受众行为背后的动力来源，缺乏一定的社会学研究视野；相对忽视了受众个体的群体认同建构以及群体内部成员间的社会互动；相对忽略了宏观政治经济结构、社会环境因素、受众群体内部的权力分配以及意识形态领域的争斗等因素，导致认识与理解过于微观、窄化以及研究视野的单一。

客观地评判，"观展/表演"范式对个体心理因素的重视主要源自近代西方国家工业文化中的"个人主义"的盛行，而相较之下，以中国为首的亚洲国家则是将"集体主义"置于更为重要的地位，这种集体主义导向的文化孕育的则是一种相互依存的自我，在这种语境下的自我目标更多的是协调并且支持自己所在的集体，而不是去增强个体自我①。因而，在运用"观展/表演"范式对中国语境下媒介迷的身份认同建构进行研究时，我们不仅要考虑"迷"的个体认同的建构，同时还要关注"迷"的群体认同的建构。要做到这一点，则必然要以一种多元化、跨学科的研究视角来予以分析、探索。基于此，本研究试图以"观展/表演"范式为理论框架，同时引入社会学、文化学以及社会心理学的相关概念，通过对中国篮球迷展开个案研究，分析探讨当今媒介化的社会背景下，篮球迷是如何在虚拟的网络空间中形成和建构起个体的以及群体的身份认同的。

迷文化研究作为欧美受众研究以及大众与流行文化研究领域中一个重要的分支，经过长期以来的发展已经积累了大量的研究成果。而近年来，随着国内各种电视真人秀节目的风行以及粉丝经济的大行其道，与欧美国家相比，中国的迷群人口则是在急速的膨胀，并且影响力也在不断扩大，已经逐渐成为当前国内显著的一个社会现象。但是，针对迷文化的相关研究在我国仍处于初级阶段，相关的理论探讨与实证研究都还相对有限，存在着很大的发展空间，因此，本研究借助篮球迷这个典型迷群展开相关研究，希望能够在迷研究领域进行一些努力与尝试。

二、跨文化传播视域下的文化认同建构

本书对于篮球迷所展开的研究采用了麦奎尔理论体系中有关社会文化性受众的分析视角，同时在受众研究和文化研究双重领域内展开。如前文所述，

---

① 戴维·迈尔斯. 社会心理学[M]. 侯玉波，乐国安，张智勇，等译北京：人民邮电出版社，2016.

"观展／表演"范式偏重于新媒介环境下，新型受众群体的身份建构研究。而作为本书研究对象的篮球相关内容，对于中国体育迷来说则是一种异国异族的文化产物。起源于美国的篮球运动，通过一定的形式传入中国，本质上属于跨文化传播的范畴。因此，本研究除了运用"观展／表演"范式来分析网络空间中国篮球迷群这一典型新型受众的身份认同建构之外，还将在文化场域内基于跨文化传播的视角来探讨篮球迷的文化认同。

（一）文本的"全球化流动"与"在地化接收／表演"

在"观展／表演"范式中，阿伯克龙比和朗赫斯特两位学者也意识到了文本的全球化流动与在地化接收之间的关系，他们指出，当今扩散的受众既是在地的，同时也是全球化的。而受众的表演实践是在地的，但是其想象力却是全球化的，受众接收到来自全球化流动的媒介图景，并将其转化为自身在地的表演。全球化作为不以人的意志为转移的客观存在，伴随着互联网技术的蓬勃发展，现已逐渐渗透至当今时代政治、经济与文化等多个领域以及大众的日常生活实践之中，并以史无前例的速度全方位推进，使整个世界产生了巨大的变迁。从文化研究的视角来看，全球化意味着一种全球性文化的诞生。将其运用到体育迷群体中的篮球迷身上，实际上就是美国篮球文化的全球化扩张。究其原因，一方面是由于篮球运动本身就是起源自美国；而另一方面则是因为美职篮（NBA）在世界范围内的成功推广虏获了全球的篮球受众。仅以2019年NBA全明星赛为例，据数据显示，该赛事以49种语言同时向全球215个国家及地区实时直播，观赛人数更是数以亿计。可以说，在篮球领域，美国篮球文化是独占一档的存在。时至今日，世界各地绝大部分的篮球受众都成了美国篮球赛事影像、篮球技战术观念、篮球文化产品和服务的消费者，中国的篮球迷也不例外。中国的实践代表了当今网络社会建构的一个独特的模式，中国既具有全球性，同时又具有民族性和地方性。中国模式下的网络社会已完全融入了当今全球化的浪潮之中，正在经历着社会结构的深刻转变。尤其是传播和媒介产业的日益全球化，使得中国文化，尤其是在年轻一代当中，正在逐渐与全球文化交融。"

而当今文化全球化进程的快速推进，主要是得益于各种形式的媒介对于意识形态的涵化功能上。尤其是伴随着新媒介在世界范围内的不断扩张与普及，越来越多的现代人因接触和使用电子媒介而成为全球化的受众，媒介技术的发展为"意义"在全球的流动打开了时空之门。新技术的出现与完善为文化工业将其所生产的媒介文化产品推广到全球市场提供了方法上的支持，而使用这些新技术的现代人则无法避免被挟裹进全球受众的体系之中。但需要指出的是，当今受众接受全球化文本的过程并非被动以及不假思索的全盘接受，而是会在其过程中加入自己的诠释与创造，因地制宜地本地化接收。研究指出，将信息在世界范围内进行传递的这种全球化媒介的力量，并不会导致在任何一个国家和民族，或任何一个文化层次上出现受众完全自动的模仿或者顺从。地域性的影响力并不会因为"进口文化"的输入而消失，受众反而是会运用这些媒介信息自行建构或者融合出新的"意义"[1]。也就是说，全球化媒介的影响力并非导致其所到之处皆为世界大同，而是就地取材、因地制宜。受众对全球文化的接受，不是简单地能用"收编/抵抗"的两分法就可以概括出来的，而是呈现出一种混合复杂的态势，是一个肯定差异与认同，并同时汲取与颠覆的动态过程。换言之，"内容或意义的全球化"并不是要替代和抹除"在地文化"，创造出一个世界大同的全球文化，而是提供在地创造新文化的丰富素材来源。因此，受众在接收这种全球文本的过程中，也在不断加入自己的创造与诠释，使得全球媒介与在地意义之间呈现出"混杂性"与"多样性"的关系特质。

（二）文化认同理论

随着互联网和信息技术的不断普及与完善，当代主体已被全球化的浪潮所裹挟。在当今全球化的社会，身份认同尤其是文化认同的建构、发展、维系乃至解体等一系列问题，已越发引起学术界的重点关注。美国著名的精神分析学家埃里克森于20世纪50年代初期就提出了文化认同这一重要的研究理论，该理论用于指称"群体成员经过在民族共同体中长期生活所形成的对本民族最有意义事物的肯定性体认"。这一理论随后被其本人以及其他学者广泛应用于社会、历史、政治、文化等众多领域的研究，并产出了相当丰硕的研究成果。

就内涵而言，"文化认同"泛指人与人之间、个人与群体间共同文化的确认。在其中，使用相同文化符号、遵循共同文化理念、秉承共有思维模式与行为规范是文化认同的主要依据，而拥有共同的文化则是社会认同和民族认同的重要基础。在当今全球化的社会，"文化多元"与"文化认同"的同时存在，反映出了文化"同质性"与"异质性"、"多元性"与"殊异性"两股对立势力间存在着不断拉锯的、既辩证又对话的复杂关系。

---

① 郭晓川.文化认同视域下的跨文化交际研究[D].上海外国语大学，2012.

科利尔（Collier）归纳出了文化认同的七个特征：其一，文化认同是一种自我宣称的认知效力；其二，文化认同通常借助符号以及规范作为表达；其三，文化认同建立在个体的群落联结基础之上；其四，文化认同是既持久且高度动态的；其五，文化认同通过情感、认知以及行为上的表现来反映该社群的所感、所思与所说；其六，文化认同浮现在人们信息交互的内容以及关系层面；其七，文化认同随情境的差异而呈现出不同的鲜明与异变的程度。与此同时，贝拉（Belay）则指出文化认同还具有五大特性：其一，时间性，即文化认同是经由历史的发展所生成的；其二，空间性，即文化认同是一群人在维护或宣称的一个具有意义的特殊地理空间内形成的；其三，对照性，即文化认同是一种意义建构过程中所形成的与其他社群所不同的集体意识；其四，互动性，即文化认同因交流互动而生，同时存在于个人、团体与双重关系之间；其五，多样性，即文化认同并非要创造出一个无差别的世界大同文化，而是肯定差异，同时对其进行吸收与颠覆改造的创造性过程。需要特别指出的是，文化认同的指标是人的社会与文化属性，而并非人的自然或生理属性。鉴于人的文化与社会属性皆是后天形成的，且具有可变性。因而，文化认同则同样是相对可变的。这种可变性实质上是指文化认同在某种意义上是可以选择的，即人们可以选择特定的文化理念、思维方式以及行为规范。

陈国明归纳出了文化认同过程的三个阶段，即初始期、搜索期和完成期。在初始期，个体通常未曾意识到有文化认同的存在，而是在社会化过程中潜意识地对来自亲朋或者主流媒介所传递的内容来者不拒，但多表现出文化认同中诸如刻板印象、文化偏见、文化褊狭（cultural parochialism）或我族中心主义等狭隘排外的倾向；在搜索期，个体则随着自身经验的增长开始对自我以及环境等加以比较、反思甚至批判，由此导致出现要么怀疑、要么强化挑战自我文化认同的现象；而完成期则是人们对其文化认同的信心与肯定，个体有望成为"多元文化人"，即内心具有弹性、心胸开阔、更具适应性、时刻保持直面变化和挑战的姿态。

对于我国体育迷中的篮球迷群体来说，其社群覆盖阶层相对广泛。从年龄的分布以及在网络空间的活动实践，尤其是在网络体育社区/论坛，以及微博的文本书写情况来看，绝大部分的篮球迷现正处于文化认同的第二个阶段——搜索期，并未形成稳固的文化认同。因此，在全球化浪潮不断席卷的当今社会，分析探究我国篮球迷这一主流的新型媒介迷群体，在接受篮球运动的过程中究

竟进行着怎样的文化认同与建构，不仅具有重要的研究价值，同样具备一定的
现实意义。

第三章
研究设计

第一节 研究对象、范式、路径与方法

一、研究对象

本研究以中国篮球迷群在网络空间的身份认同建构为研究对象，主要是因为篮球运动作为我国"三大球"项目之一，一直以来都因其广泛的群众基础、极佳的观赏体验和巨大的商业价值而备受社会大众关注。根据腾讯企鹅智库发布的《2018中国篮球产业白皮书》数据显示，在篮球迷基数方面，中国现有核心篮球迷约1.43亿，泛篮球迷甚至达到4.82亿左右，人数远远领先于其他运动项目；在篮球普及度方面，我国20岁以下年轻人和25—35岁成年人这两个典型受众群体中，认可篮球是中国第一运动以及反馈身边人群喜欢篮球最多的网民，分别为52%和40%左右，在所有运动项目中排名第一；在媒介使用方面，篮球迷乐于利用各种新媒体手段进行人际的互动，尤其是在网络平台观赛时，绝大多数球迷会通过弹幕/评论框以及发帖的方式进行交流，而从来不互动的球迷只占据所有球迷的8.9%[1]。因此，这样一个基数庞大且具有明显的新媒介受众特征的中国篮球迷群体，无疑为我们展开体育迷身份认同相关研究提供了一个极佳的样本与切入点。

二、研究范式与路径

研究范式及方法的选择是要根据研究的问题与目的来予以确定的。本研究旨在通过网络虚拟空间这一当代篮球迷交流互动最为活跃的场域，对我国篮球迷群成员的日常行为以及迷文化实践方式展开观察与深度访谈，对其个人经验与意义建构做出解释性理解，对其文化层面行为背后的心理作用机制进行深度

---

[1]腾讯企鹅智库.2018中国篮球产业白皮书[EB/OL].(2018-11-07)[2021-07-27].https：//sports.qq.com/a/20181107/009822.htm.

剖析，研究他们在这一过程中是如何建构起自身作为"篮球迷"的自我认同与作为"篮球迷群"一员的群体认同，并探究其建构这种认同的原因，以及网络新媒介在篮球迷群身份认同建构过程中所扮演的角色，以此来清晰地呈现相对完整的篮球迷群身份认同建构过程。本研究正是依据上述研究目的与问题，来确定研究的范式与方法。而所谓的"科学范式"指的是"在一定时期内为研究群体提供问题和解决方案范例的公认的科学成就"①。"范式"一方面对某一研究领域通用的概念体系与分析方法等进行了相关的界定，另一方面则表明了某一研究领域所遵循的基本原理与共享理念等。范式作为解决科学问题的基础，为研究群体提供了更为完善且更具约束力的规则以及方法。

尽管范式的种类较为繁多，但就社会科学领域的研究而言，大致可分为以下三种：实证主义、阐释性社会科学、批判性社会科学。其中，实证主义与阐释主义相比：首先，实证主义广义上属于自然科学的研究范式，实证主义的研究者们倾向于使用调查法、实验法、统计分类法等来获取较为精确的定量数据，并通过对相关数据进行严谨的分析来验证假设，目的旨在发现、记录人类行为的普遍法则，预测甚至控制事件的发生。而阐释主义则是扎根于数据，利用质性的方法来揭示某一社会行为背后的意义。阐释主义研究倾向于采用参与观察或实地研究，要求研究者花费大量时间深入现场去直接接触并观察研究对象，大量收集尽可能详尽的质性资料，以此来深刻理解所要观察的研究对象是如何建构日常生活以及行为的意义。其次，实证主义研究取向假设所有人享有相同意义体系，而阐释性研究取向则是认为每一个人体验社会或自然现实的方式可能相同，亦可能不同。实证主义者认为社会科学与自然科学应该是相似的，有其演绎的公理、定理以及相互关联的因果法则，而阐释性社会科学理论所呈现的则更像是一个用来描述和解释人们日常生活的故事。阐释性研究的取向是表意的，即提供一种符号化的呈现或者"厚描"。因此，一份阐释性研究报告读起来更像是一本充满了细节描述与有限抽象化的小说或者传记，让读者感受到另一种社会现实。再次，实证主义者多是以固定程序来对假设进行验证，并以此对理论进行再论证。假如研究结果是能够复制或是再现的，那么该理论则为真，反之则为假。而对阐释性社会科学研究者而言，如果他们觉得理论是能够自圆其说，且可以让其对他人有更加深刻的理解，那么这一理论即为真。最后，

---

① Kuhn T.S.The Structure of Scientific Revolutions[M].Chicago:University of Chicago Press, 2012.

实证主义认为好的证据是精确且可被观察与复制以及不受理论与价值影响的。而阐释性社会科学则认为事物是不断发展与变化的，因而特定语境与意义的独特性才是我们了解认识社会意义的基础。实证主义者呼吁在价值无涉的环境下进行相关研究，而阐释主义者则是通过积极地与研究对象建立关系来参与研究，不会保持价值中立[①]。

陈向明对人文社会科学领域主要研究范式进行了相关阐述，指出，量化研究属于"实证主义"范式，而质性研究则属于"阐释主义"范式。其中，质性研究是"以研究者本人为研究的工具，在自然情境下采用多种资料收集方法对社会现象进行整体性探究，使用归纳法分析资料和形成理论，通过与研究对象互动对其行为和意义建构获得解释性理解的一种活动"[②]。实则就本质而言，无论是量化研究抑或质性研究，其学术导向都是为了找寻事物中普遍存在的本质，即了解"是什么"。需要指出的是，对于质性研究而言，来自当事人"主位的"视角以及"本土概念"是其不可或缺的资料与证据来源。与此同时，质性研究有其规范、系统的研究程序以及研究的方法、技巧，同时也涵盖了"信度""效度"以及"研究伦理"等科学概念的探讨。

本研究选取了阐释主义范式下的质性研究，通过深入网络篮球迷社区现场，接触并观察研究对象，实地获取相关数据，以此对网络虚拟空间场域内中国篮球迷群的身份认同建构这一社会文化现象进行"深描"，在社会情境中阐释其意义。需要指出的是，实地研究这一社会科学的研究路径主要有两个拓展性方法，即民族志与常人方法论。鉴于本研究的研究对象为网络空间中国篮球迷群的身份认同建构，需要研究者深入虚拟社区这一网络空间内的"实地"，因而"网络民族志"这一特殊的民族志形式更为适用。

三、研究方法

（一）网络民族志

网络民族志是本研究所运用的最为主要的研究方法。在受众的行为实践越发多样化的当今社会，应该采用什么样的方法来观察、分析、描述日常生活中的受众群体，尤其是那些典型的、更为复杂和多元的新型媒介迷群体，是研究者需要去深思的问题。由于传统的访谈和焦点团体有其一定的局限性，受访者

①李彦.中国网络文学在虚拟社区中的译介[D].上海：上海外国语大学，2019：62.
②陈向明.质的研究方法与社会科学研究[M].北京：教育科学出版社，2000：12.

在访谈过程中有可能会受到某种程度的暗示与影响，没能完全表达出自己的真实意图，而是选择去重复一些传统的、主流的固有观点，因而导致研究的结果难以对所研究的现象做出全面的、深入的阐释[①]。而民族志作为质化研究中最为主要的研究方法，是对人及其文化所进行的详细、动态以及情景化的描绘，是对特定文化中人们的生活方式、价值观念和行为模式的探究。无论是芝加哥学派还是伯明翰学派，民族志一直都是亚文化研究领域中学者们最为钟爱的研究方法，西方的迷研究更是如此。

而网络民族志（也被称为赛博民族志/虚拟民族志）则是在原有的民族志研究基础之上所发展延伸出来的一种基于网络田野工作的"参与式观察"方法，即在特定的时间内，通过在网络虚拟空间进行持续性的参与式观察（观察并且参与网络社区的讨论），来描述网络社区中的族群及其文化现象的过程[②]。网络民族志实际上就是将民族志的方法应用于虚拟社区的研究之中，将观察的对象和观察的地点从现实转移到了互联网之中。在当前社会，传播媒体与互联网的深度融合使得"内容"和"信息"得以在多个媒介平台上自由流动。其中，大量围绕体育所建立的相关网站、网络社区以及网络论坛的出现，无疑为我们研究篮球迷日常生活中的媒介消费行为，尤其是赛事观看和互动参与行为，提供了一个绝佳的场域。就研究的"田野"而言，网络民族志是十分适合网络空间的研究的。

需要指出的是，无论是民族志还是网络民族志，"参与"和"观察"的方法组合都是其行动的核心，这就意味着当研究者从事民族志研究时，他们须与成员一起"长期浸入式"地参与文化抑或社区之中，继而通过对社会事件进行深入细节、历史以及文化的描绘与解释，尝试理解和传递他们的现实[③]。但需要注意的是，与现实中的民族志田野考察有所不同，网络空间中的受众群体主要是通过文本的书写来呈现自我和表达自我，并以此来建构其社会关系。所以，经由受众"讨论"和"互动"所产生的网络空间内公开的数字化符号（即各种电子文本），则构成了网络民族志研究所需的基本的数据与材料。由于本研究采用网络民族志主要是观察篮球迷在网络平台和社交媒介中的文本书写行为，

---

① Baym,Nancy K.Tune In,Log On[M].London:Sage Publications,1999:20.
② 朱洁.网络田野考察：网络传播学研究的新方法[J].广西师范大学学报(哲学社会科学版)，2008(02)：120-122.
③ 罗伯特·V.库兹奈特.如何研究网络人群和社区：网络民族志方法实践指导[M].叶韦明，译.重庆：重庆大学出版社，2016：72-167.

因此，篮球迷所发的微博、帖子和留言则是本研究最主要的分析资料。

鉴于本研究的主要议题是旨在较为完整地呈现网络空间场域内中国篮球迷群体的身份认同建构过程，因而，作为能够较为真实地再现虚拟社区中受众群体认同建构的最优路径之一的网络民族志，无疑是我们阐释篮球迷如何建构起"数字化自我"的最佳研究方法之一。为了全面深入还原这一过程，在观察对象的选择方面，本研究将以"篮球迷"在百度贴吧、虎扑社区以及腾讯体育社区这三个当前国内篮球受众聚集的主要网络平台中的认同实践作为研究的对象。同时，观察篮球迷在新浪微博平台上的自我书写呈现，以及球迷群体间的交流与互动，进行相关文本数据的采集，继而分析探讨这一过程中所蕴含的篮球迷对"迷身份"的认知与阐释。

（二）访谈法

在现实世界里，访谈常常作为民族志研究方法的一种很好的补充，线上访谈对于网络民族志的研究方法亦是如此。尽管对篮球迷群呈现的网络文本所展开的参与式观察，能够部分地再现受众的心理活动与社会文化记忆，但不可否认的是，受众在网络虚拟空间的情感抒发会与真实世界的情况存有一定程度的差异。因此，为了更加全面地感知篮球迷的身份认同对其自身日常生活实践的影响，最大限度地还原篮球迷的内心活动与认知体验，扩展研究者对所观察到的网络资料的理解，著者将线上和线下的深度访谈作为本研究重要的补充方法。在参与观察的基础之上，著者通过在百度贴吧、虎扑社区、腾讯体育社区、新浪微博以及QQ和微信球迷群中与部分篮球迷进行一段时间的线上交流互动，继而对其提出访谈的邀请。通过滚雪球式抽样和目的性随机抽样的策略，最终以27位访谈对象为主组建了本研究的访谈样本库。在研究中，男性按照M1—M17进行编号，女性按照F1—F10进行编号。需要指出的是，受地域以及当时新冠疫情防控等因素的限制，大部分访谈采用的是线上的形式，其中面对面访谈7例，线上访谈20例。每次访谈时长约1.5—2个小时，以一对一的半开放非结构性访谈方式为主，鼓励受访的篮球迷尽可能多地去表述自己的真实认知。与此同时，为了尽可能减少因一次性访谈而出现受访者拘谨、无法真正敞开心扉的情况，著者尽可能进行多次回访。其中，对四位男性球迷和两位女性球迷进行了三次回访，对另外一位女性球迷进行了两次回访，旨在让收集到的数据能较为准确、全面地呈现篮球迷真正独立的所思所想，以提升本研究的可信度。

（三）文本分析法

本研究对所收集到的数据与材料的分析，则主要是采用文本分析的方法。文本分析法是指从文本的表层深入文本的深层，从而发现那些不能为普通阅读者所把握的深层次的意义。本研究的文本分析是将篮球迷的网络文本呈现看作是其一种话语的实践行为，即篮球迷通过在互联网场域内建立起虚拟篮球社区，围绕他们所喜爱的球队或者球员展开讨论，并以网络文本书写的呈现方式来较为真实地反映其作为篮球迷的收视偏好、对篮球相关文化的解读以及与网络社区内其他篮球迷之间的交流互动行为。本研究通过对篮球迷所书写的文本内容背后的叙事逻辑展开分析，对作为写作者的篮球迷的社会记忆、互动关系、文化记忆以及对身份的认同进行梳理，有助于全面系统地反映网络文本的多元含义，再现网络文本与真实社会间的复杂关系。

第二节　研究设计说明

一、参与观察的时间、场域和对象

本研究自2019年7月开始，至2022年6月进入相关的在线田野进行参与观察，开展了为期约三年的网络民族志研究。在初期的田野（即网络虚拟社区）确定阶段，本研究基于研究问题与研究目的，尝试进入若干虚拟社区/论坛，了解其与本研究的相关性。通过分析社区/论坛的用户人数和活跃用户人数，用户的互动性和积极程度，以及有关文本资料的丰富度等一系列指标，决定采用目的性抽样策略，并最终选择了百度贴吧、虎扑社区和腾讯体育社区作为本研究的在线田野，了解其网站的版块设置、服务协议、隐私协议等内容，观察其中与篮球相关的各种"吧"或"社区"的主要构成，浏览其中的篮球迷所发布的与篮球相关的各种帖子，尤其是一些"精华帖"，并记录下篮球迷的网络日常叙述与讨论，同时观察发帖者的身份，以及网络社区内篮球迷群的文化生产与社会互动过程。

但是需要特别指出的是，这三个主流网络平台中既有如"篮球社区""NBA社区""CBA吧"等综合性的论坛，也有围绕某一个球队或者某一个球星而建立的专区，如"火箭专区""北京首钢吧""科比吧""姚明吧"等。鉴于各种分社区/专区众多，要平均分配精力、无一遗漏地进行观察，既不现实，也无必要。同时，鉴于质性研究中，目的性抽样是最为常用的抽样方式，即按照研究的目的抽取能够为所研究的问题提供最大信息量的研究对象，因此，经过综合考量，本研究选择了百度贴吧和腾讯体育社区这两个平台中22个在篮球迷群体内影响较大、粉丝数量和发帖量较多的分社区作为重点观察和研究的对象，如表3.1所示。与此同时，由于虎扑社区的数据呈现规则与前两个平台有一定的差异，是以"话题热度值"作为评价标准。因此，本研究还选择了虎扑社区中与篮球相关的、热度值排名靠前的11个专区作为补充观察的对象，如表3.2所示。

表 3.1 百度贴吧与腾讯体育社区内篮球迷分社区汇总表

序号	名称	粉丝成员数	发帖量	平台来源
1	篮球吧	2399376	17581078	百度贴吧
2	nba吧	8789779	186769031	百度贴吧
3	cba吧	914438	7153519	百度贴吧
4	洛杉矶湖人吧	964516	10850538	百度贴吧
5	勇士吧	508067	3645841	百度贴吧
6	火箭吧	1446647	53508180	百度贴吧
7	北京首钢吧	215223	1444974	百度贴吧
8	广东宏远吧	226886	3232554	百度贴吧
9	科比吧	1832345	38497294	百度贴吧
10	詹姆斯吧	1045110	21421563	百度贴吧
11	库里吧	410115	5147731	百度贴吧
12	姚明吧	191625	854075	百度贴吧
13	易建联吧	116232	2319003	百度贴吧
14	热议 NBA	10398677	239321	腾讯体育社区
15	湖人	8779737	205260	腾讯体育社区
16	勇士	12736170	285874	腾讯体育社区
17	火箭	11688453	153131	腾讯体育社区
18	骑士	10884490	108475	腾讯体育社区
19	马刺	3226040	30408	腾讯体育社区
20	中国篮球	473898	51730	腾讯体育社区
21	广东宏远华南虎	98483	3479	腾讯体育社区
22	辽宁飞豹	163907	2802	腾讯体育社区

资料来源：百度贴吧与腾讯体育社区官网数据

表3.2 虎扑社区平台篮球迷专区汇总表

序号	名称	话题热度值	平台来源
1	篮球资讯	840.7w	虎扑社区
2	湿乎乎的话题	817.9w	虎扑社区
3	勇士专区	209.0w	虎扑社区
4	湖人专区	123.8w	虎扑社区
5	篮网专区	118.8w	虎扑社区
6	马刺专区	63.5w	虎扑社区
7	火箭专区	42.3w	虎扑社区
8	CBA专区	64.2w	虎扑社区
9	上海大鲨鱼	11.7w	虎扑社区
10	广东华南虎	9.3w	虎扑社区
11	辽宁飞豹	5.0w	虎扑社区

资料来源：虎扑社区官网数据

此外，著者在观察期间发现虎扑社区、百度贴吧和腾讯体育社区等平台对"发帖"有其规则上的限制，这导致一些不符合平台理念的帖子出现被后期删除。因此，为了能够更加全面地观察和考量网络空间中篮球迷的文化实践与认同建构的过程，著者鉴于新浪微博已成为当前国人进行自我文本书写、自我呈现以及一手资讯获取的最主要平台之一，故将新浪微博视为能与虎扑社区、百度贴吧、腾讯体育社区等并重的中国体育迷文化的关键舆论场域，进而选取新浪微博中一些特定的篮球迷的微博主页一并作为研究对象，对其展开文本观察与资料记录。鉴于可操作性和典型性的考量，著者选取的账号基本上都是一些篮球迷组织和篮球迷代表的新浪微博。

二、访谈对象的选择

无论是网络民族志还是民族志，其在本质上都是一种融合性的实践，访谈、话语分析等方法都是对其一种很好的补充。因此，本研究除了采用网络民族志之外，还将辅以访谈的方法来收集相关资料数据，以便对本研究的数据结果进行三角验证，提升本研究的效度。就访谈对象的选择而言，需要特别指出的是，研究关系的建立是研究者对受访者进行深度访谈的首要前提，这种"关系"被学者定义为"准许进入"现场，或"协商进入"现场。在质性研究中，研究者是研究的工具，研究关系是研究得以实施的关键手段。在本研究中，进入网络空间场域对篮球迷群的日常实践活动展开观察并非一个难点问题，而需要解决的关键点是如何与这些篮球迷建立良好的、真实的研究关系，以便在虚拟的网络空间之外的真实世界里获取深度访谈的机会。为此，著者在参与观察的基础上，通过在百度贴吧、虎扑社区、腾讯体育社区、新浪微博以及微信和QQ迷群中与部分篮球迷进行一段时间的线上交流互动，继而对其提出访谈的邀请，通过滚雪球式抽样和目的性随机抽样的策略，最终以27位访谈对象为主组建了本研究的样本库，具体访谈对象的信息如表3.3所示。基于大多数受访者提出的匿名性要求，因此，在本研究中出现的所有访谈对象，著者皆用编号来代替姓名。

表 3.3 受访者基本资料信息表

序号	性别	职业	地域归属
M1	男	高校教师	北京
M2	男	学生	济南
M3	男	学生	沈阳
M4	男	民企职员	上海
M5	男	国企职员	北京
M6	男	公务员	重庆
M7	男	自由撰稿人	杭州
M8	男	学生	深圳
M9	男	科研工作者	北京
M10	男	技工	泸州
M11	男	职业粉丝	郑州
M12	男	民企职员	北京
M13	男	学生	北京
M14	男	民企高管	厦门
M15	男	媒体工作者	上海
M16	男	中学教师	哈尔滨
M17	男	个体商人	洛阳
F1	女	学生	沈阳
F2	女	公务员	北京
F3	女	学生	广州
F4	女	媒体工作者	上海
F5	女	医生	北京
F6	女	篮球教练	武汉
F7	女	教师	上海
F8	女	银行职员	桂阳县
F9	女	家庭主妇	杭州
F10	女	学生	丹阳

　　需要说明的是，由于质性研究注重对研究对象尤其是其内在的经验获得比较深入细致的解释性理解，同时，在人类学抽样逻辑中，研究结果的效度不在于样本量多少，而在于样本限定是否合适，即该样本是否可以作为一个典型的、能代表本文化完整经验的个案来进行准确的分析，因而，质性研究对象的数量

一般都较小，没有必要采取概率抽样的方式。基于此，本研究将访谈对象的样本量最终确定为27个，力求保证使本研究的抽样既能有效覆盖代表性个案，也能实现最大差异抽样和同质性抽样，同时避免出现因样本量过大导致观察不到位、访谈不深入的情况。具体抽样策略为滚雪球式抽样和目的性随机抽样。在抽样开始前，著者联系到一位在网络篮球迷社区平台中具有相当资历与影响力的朋友，鉴于他在球迷圈的人脉资源，通过这个知情人展开滚雪球抽样，在层层追问之下找到了9个较为典型的、承担球迷群不同分工的、身处球迷群不同地位的篮球迷作为样本。与此同时，著者为了避免因滚雪球式抽样所得来的样本具有类似属性这一问题，继而采取目的性随机抽样，从网络篮球迷社区中随机抽取50名球迷，进而根据腾讯体育针对中国篮球迷群体所作的球迷画像，在这50名篮球迷中进一步选取了18名球迷作为研究样本，与滚雪球式抽样得到的9个样本共同组建了本研究的样本库。

三、数据的收集与分析

著者自2019年7月开始进入在线田野（网络虚拟社区），为相关数据的收集和分析做足准备。在进行正式收集数据之前，作为网络民族志研究者应当了解熟悉在线虚拟社区的特点。因此，著者在百度贴吧、虎扑社区和腾讯体育社区等互联网平台注册了账号，进入篮球迷在线社区，在不断观察篮球迷发帖活动的同时，也参与了社区/论坛的相关讨论活动，以此来获得成员参与感，以便更加深刻地理解并反思网络篮球迷社区文化。在该阶段，著者是以"潜水"的方式和"匿名"的身份，在不惊扰研究对象的前提下进入社区进行参与和观察，并依据研究问题、研究目的以及概念框架有针对性地收集相关数据。需要说明的是，本研究收集的数据主要是由库兹奈特（Kozinets）所提出的网络民族志研究所要获取的资料中的两类：一是直接从在线社区通过复制电子内容所获取的"档案资料"；二是通过在线访谈所获取的"引导资料"。其中，就档案资料而言，该类数据主要是由研究者直接复制线上社区成员以计算机为媒介进行沟通所产生的数据，虽然这类数据复制便捷但数量巨大，因而需要研究者根据数据的重要程度，以及研究的主题和问题的相关度进行人工的过滤；而引导资料则是研究者通过与文化成员进行个人的抑或社区的互动所共同创造的数据，诸如聊天或者即时聊天式访谈等都是研究者引出网络民族志资料的过程。

本研究所保存整理的网络篮球迷社区内的档案数据主要包括：社区公告、

社区介绍、服务条款、成员专用术语、篮球迷所发布的与篮球相关的各种帖子，尤其是一些"精华帖"等。此外，著者在新浪微博平台选取的微博也是本研究重要的档案数据来源。截至2022年6月，著者累计在百度贴吧、腾讯体育社区、虎扑社区这三个平台中的33个典型篮球迷分社区/专区中，通过截图等方式收集保存约900条主题帖和回帖资料，以及约600条微博资料。其中不仅包括文字资料，同时还包括非文字的文化资料，如绘画、表情符号、照片、音频以及视频等。

本研究的引导数据主要是通过研究者对网络社区篮球迷进行访谈而来，主要形式为线上半结构性访谈，并辅以面对面半结构性访谈。在整个线上线下访谈过程中，著者与访谈对象建立了友好关系，提出了清晰的问题，并保持适当的敏锐度，同时依据访谈对象的回答灵活调整问题，对问题的答案持一种开放的态度。著者于2022年1月完成了对27位球迷的访谈，其中线上访谈20例，面对面访谈7例，并对四位男性球迷和两位女性球迷进行了三次回访，对另外一位女性球迷进行了两次回访。每次访谈时长约1.5—2个小时，以一对一的半开放半结构性访谈方式为主。（线上访谈）内容是著者通过微信的"语音转文字"功能对其进行了转写，而面对面访谈的内容则是借助"讯飞听见"app"录音转文字"功能对其进行了转写，并在转写后进行了人工校对与修改。

本研究同时使用Onenote软件辅助进行数据资料的收集与分析。该软件不仅可以分类建档将文字资料进行保存，而且其"一键搜索"功能更是可以便捷地进行跨文档的检索。与此同时，在使用Onenote软件进行粘贴时还能自动保存数据来源的网址，十分便于研究者回溯数据的来源。此外，本研究还会通过复制或截屏的方式将非文字的图像和视觉资料粘贴进Onenote软件，并保留其字体与背景颜色。总而言之，无论是档案资料还是引导资料，本研究在数据收集过程中都是不断地为这些资料建立新文档，进行分类与再分类，整个数据收集的过程是伴随着研究的开展而不断进行更新的。需要特别指出的是，由于篮球迷网络文本书写的碎片化以及琐碎性特点，研究者无法完整记录和分析其所有的文本内容。因此，本研究数据的收集是以"理论抽样"的原则，即基于理论概念来进行资料采集的一种抽样策略，来进行文本材料的获取工作。当没有与概念相关的新的文本资料再度出现时，抽样即达到饱和，然后运用文本分析法对所收集到的材料展开分析、归纳，继而探索这些文本背后所蕴含的深层次的含义。

库兹奈特指出，网络民族志研究中的数据分析常常是与数据收集相融合的，这主要是由于在做网络民族志研究时，不仅要收集数据，更要尽可能地去理解数据背后的文化意义，而不是脱离文化语境单纯地进行数据的分析，因此，数据的分析是无法独立于数据的收集之外，而是渗透至数据的收集过程中。本研究数据的分析主要采用文本分析法，具体步骤为：首先，按照时间与内容对所收集的数据进行分类归档，以"时间"和"主题"对数据进行命名，这里的时间指的是数据资料在网络社区中生成的时间而不是笔者收集到该数据的时间；其次，基于观展/表演范式根据研究问题和理论架构，对收集到的文本资料进行分析与梳理；再次，理清核心概念间的逻辑关系，尝试回答研究问题；与此同时，为尽可能地确保数据分类以及编码过程的准确性，著者不断返回田野进行新的数据资料采集，并与之前批次的数据进行对比与校验，力图保证本研究的信度与效度；最后，基于对数据的解读与分析生成研究结果，进行本研究的文本书写，并且确保在书写文本时尽量使用网络篮球迷自己的表达方式和语言形式，即网络篮球迷所使用的由平庸、宽泛甚至是粗俗的丰富词汇所组成的元语言，并对其进行反思性的理解。

四、研究者的定位

需要特别指出的是，对"迷"这一特殊受众群体所展开的研究具有其独特性的一面。由于在之前很长一段时期内，学术界和社会大众对那些大众文化产品的粉丝的评价，往往都是一些负面的声音，"迷"群体，尤其是其中的"体育迷"，则一直被视为是缺乏理性、不务正业、暴力且盲目的崇拜者。因而，当研究者以"学者"的身份入场时，受访者和被研究者则会本能地产生出一些抵触的情绪。要么拒绝接受采访，要么即使同意也会在受访过程中朝着"刻意美化"自身所属群体，以及过度迎合正面问题等方向来进行回答，导致整个研究出现失真和缺乏客观性的情况，继而直接影响到研究结论的真实性与可靠性。

詹金斯为了缓解"迷"与"学者"之间"各自将对方边缘化"的倾向，首次在其研究中提出了"兼具迷身份的学者"，也被称为"学者粉"这一研究者的身份定位，这在一定程度上打破了"迷"与学者在认同上的互斥壁垒。虽然也有学者质疑，认为所谓的"学者粉"不过是一种"鱼与熊掌兼得式"的学术幻想，即在希望拥有"研究诠释"权力的同时占据"迷身份"位置的一种幻想。这种质疑则忽略了"学者"与"迷"的认同感"合二为一"的可能性。尽管当今学界还没有将二者完美统一的具体路径，但"兼具迷身份的学者"已逐渐成为迷研究领域的主流。就研究操作的角度来说，如果从网络民族志中将民族志学者"参与性"的角色移除，则意味着抹除了他们对文化体验与理解的可能性。而缺乏对所研究文化的参与，则会导致网络民族志研究者往往只能被迫选择去猜测那些他们不完全理解的文化意义。同时，研究者也无法从该文化社区中找到同类来进行确认、讨论、分享或者拓展。甚至更为糟糕的局面是网络民族志研究者可能会忽略这些文化的意义，导致其研究工作所最终呈现的仅仅是提供一种表面的、纯粹是描述性的分析，仅仅是对其在线上找到的词汇或者其他内容所进行编码和分类。

因此，在本研究中著者也遵循迷研究领域的主流方式，以一个"兼具迷身份的学者"的定位，对篮球迷的认同建构进行网络民族志研究。但著者需要说明的是，尽管本研究选择了"兼具迷身份的学者"这一研究者定位，但并非意味着本研究就比"非迷学者"的研究更具价值。事实上，定位为"学者粉"能为本研究在具体操作层面提供一定的便利、支持以及新的可能性，例如，著者在与受访者建立研究关系时，以篮球迷的身份进入可以在初期缓解受访者的抵触情绪。当著者与这些篮球迷产生了一定的互动与共鸣，并且他们也将著者真正视为球迷群一员之后，著者再对其中的一些关键球迷人物表明自身学者的身份，说明自己想对网络社区中的篮球迷群做相关研究时，他们则如著者所愿，几乎没有产生任何的抵触情绪，反而是主动地向著者询问要从什么角度和哪些方面来进行研究，以及著者想要具体了解篮球迷哪些方面的情况。至此，著者以"兼具迷身份的学者"这一双重身份与研究对象之间建立了"协商关系"，成功获取了对其进行深度访谈的机会，为本研究获取第一手的、客观的、真实的资料奠定了基础。

但是，"兼具迷身份的学者"这一定位也同样给本研究带来了一些限制与难题，如怎样使用客观、严谨的学术性话语来清晰地阐释当今国内篮球迷这种充满个人色彩、远超文本内容所能呈现与表达的情感体验与认同建构；如何在"研究者"与"篮球迷"身份间保持相对平衡等。因此，为了使本研究尽可能保持学术研究的严谨性，同时也是为了尊重所有参与本研究的篮球迷，著者在进行网络参与式观察的过程中尽可能不参与任何附带情绪的讨论，尤其是一些激烈的争执，具体表现为：在腾讯体育社区、百度贴吧和虎扑社区的网络田野工作中，著者仅采用"潜水"（隐身观察）的方式记录下原始的一手资料，而不参与发帖、回帖等球迷社区内的交流与互动；同时，在新浪微博、微信群和QQ群里，著者也是比较谨慎地与其他篮球迷成员进行交流互动，借此建立一定程度的私人联系；此外，本研究所使用的数据材料均为篮球迷在腾讯体育社区、虎扑社区、百度贴吧以及新浪微博中所公开的电子叙事文本以及非文字的文化资料，而更具私密性的如微信群、QQ群内成员间的相关讨论，则未被纳入本书的研究样本之中。

开展任何一项学术研究其实质都只是基于某种理论视角或维度，对某种或某类现象所呈现传递的一种可能性的描述与阐释，如同人们对"迷文本"的解读永远不可能只有一种。而本研究所做的也仅仅是提供了一个以网络空间为场域、针对国内篮球迷群认同建构的有限的解释，不可能涵盖体育迷文化的方方面面。尽管如此，著者仍然寄希望于本研究能在前人研究基础上迈进一小步，为当今全球化、媒介化时代背景下的跨文化研究提供一点新的体悟。

五、研究信度与效度

本研究是基于网络民族志的质性研究，就研究的信度与效度而言，库兹奈特在提出网络民族志方法时也曾提出了一组研究质量的评估标准，但其自己也承认了这些标准有相互矛盾之处，需要研究者们努力去探索适合自己的研究之路，在解决问题的过程中巩固自己的理论基础，只有更深刻地熟悉自己的研究领域，才能成长为真正的学者。[1]因此，不同的网络民族志研究者其评估标准也应是不尽相同的，需要我们去不断改进完善，建立起适合自己的评估原则。基于上述标准，本研究在进行网络民族志研究过程中，通过尽可能地维持研究者、研究问题与目的、研究对象与方法、研究时间与地点等要素间的内在相容性来确保研究效度。同时，通过档案资料、访谈资料和文本资料形成三角互证来降低效度威胁，具体通过以下标准来尽可能提升本研究的信度与效度。

保证本研究的严谨性。设计科学的研究方法，熟悉了解网络民族志的研究原则和研究要求，遵守网络民族志的研究程序及相关原则，例如进场、收集资料、分析数据、阐释结果、研究伦理等。

保证本研究的真实性。本研究尽可能将网络篮球迷的观点和言论完整、原状地呈现出来，通过一系列真实、客观、具有说服力的语言和叙事，生动逼真

---

① Kozinets R.V.Netnography: Doing Ethnographic Research Online[M].New York/London: Sage,2010:140-162.

地再现当代网络篮球迷文化与篮球迷线上社区图景，让读者能够切实体会到这些篮球迷的经历和观点形成的原因。同时，在对于受访者所述内容的真实性进行确认时，著者在访谈中注重对同一问题的多人互证，并辅以文献资料佐证，以此来尽可能保证受访对象言论的可信度。

保证本研究的一致性。避免不同的数据或阐释之间出现相互矛盾的地方，需要呈现出前后统一的模式。因为高度一致的阐释可以很好地增加研究的说服力，提升研究的可信度。

六、研究伦理

截至目前，研究伦理仍是传统民族志与网络民族志之间最大的分歧之一。网络民族志的一些伦理问题，如线上社区究竟是公共空间还是私人空间、如何从线上社区成员获得知情同意、避免线上伤害的必要性问题等，依然是比较具有争议性的，尚未有明确的结论。本研究秉持恪守相关研究伦理的态度，在参考卡特（Carter）所提出的包括知情同意、非中伤原则、匿名保护、数据保密等相关伦理框架的基础上[①]，同时借鉴库兹奈特所提出的解决网络民族志伦理问题的四个一般性程序，最终决定从以下四个方面入手，以最大程度确保本研究的伦理规范。

（一）公开、明确地告知自己的身份、研究目的与研究内容

符合伦理的网络民族志的基础在于研究者避免欺骗并与在线社区成员坦诚相见。著者在对受访者进行访谈时，会明确展示自己在场并告知对方自己的身份与意图，同时用通俗易懂的语言向研究对象公开描述自己研究的目的、内容以及方向。此外，著者还会积极地与受访者和线上互动者分享自己的阶段性以及最终的研究成果，并征求其评论意见。这种"成员检验"不仅能让著者与研究对象建立起持续的信任感，同时也让研究者能获得更多的反馈资料，便于对研究结果进行多方验证与补充。

（二）获得知情同意

本研究中，无论是在线访谈抑或面对面访谈，著者均会在访谈前向对方出具明晰的电子版知情告知书，要求受访者阅读并签署该告知书，供本研究保留

① Carter D.Living in Virtual Communities:An Ethnography of Human Relationships in Cyberspace[J].The Information Society,2005,21(2):148-167.

存档，以此来获得其知情同意。

（三）征求恰当的允许

百度贴吧、虎扑社区和腾讯体育社区的服务协议大致规定："不得在未经许可下复制、读取相关内容用于任何商业目的或用于任何（商业性或非商业性的）公共展示。"但是，正如艾伦等所描述的："对服务协议的严格执行将意味着禁止学术界对商业网站进行任何的审视。因此，学者们建议向适合的个人、群体等发送信息，表明其研究的意图、目的以及范围，告知研究正在进行。"因此，本研究联系了百度贴吧、虎扑社区和腾讯体育社区等相关篮球迷社区的负责人，得到授权可以将该社区平台上的内容复制后用于学术用途，但不得用于研究之外的商业用途。

（四）适度隐瞒

本研究在引用网络篮球迷社区成员时不使用其真实姓名，而是使用其网名，这主要是由于社区成员在进行发帖和互动时，其所公布的内容很少涉及个人隐私，且均是以网名的形式进行互动。因此，在本研究中引用的数据将直接注明网络篮球迷社区成员的网名。同时，本研究所使用的篮球迷帖子中所呈现的图片都会进行适度处理，以保护发帖人隐私。

第三节　研究框架

本研究主要包括六个部分的内容。

第一部分内容主要是对本书所要研究的问题、选题的依据、研究的意义等进行简要的阐述。

第二部分内容则是对相关研究进行综述，并对本研究所选用的研究范式与理论架构进行分析与阐述，同时对本研究中所出现的重要的概念进行梳理与阐释。

第三部分内容主要是对本书的研究对象、研究范式与路径、研究方法、研究设计、信度与效度、研究伦理以及研究的框架、相关概念的界定等进行阐述。

第四部分内容主要基于"观展/表演"范式和文化认同理论，通过对篮球迷网络文化实践的参与式观察为主、半开放半结构式的深度访谈为辅的研究形式，对当代主体建构起其作为"篮球迷"身份的自我认同过程进行深描。

第五部分内容则延续了"观展/表演"范式与文化认同的理论逻辑，并尝试引入传播学、文化学、社会心理学以及体育学的重要概念，对网络空间场域内篮球群迷的群体偏好、共同体想象、文化实践与符号消费等方面进行分析与描述。与此同时，通过引入社会学的分析视角，对篮球迷群在网络电子社区中的"权力关系"展开分析，以实现对篮球迷群体认同建构路径的考察。此外，著者还寄希望于通过对"同质球迷"的比较以及篮球迷群体内部的冲突来探讨篮球迷群体边界的设立，为进一步探究篮球迷的群体认同建构提供全面的阐释。总的来说，本章节主要是基于群体层面来探讨篮球迷群认同建构的社会语境和心理机制。最后一部分内容则是本研究的结论与建议，以及本研究存在的问题以及未来可能的研究方向。

第四节　相关概念界定

一、网络空间

科幻作家威廉·吉布森（William Gibson）最早提出了"网络空间"的概念，并将其描述为"人类神经系统与网络信息系统相结合所产生的虚拟空间"，认为在网络空间里人们可以凭借自我意念与全球范围内的电脑网络建立关联，从而达到人机合一的虚实交叉体验。需要指出的是，尽管吉布森将网络空间看作是"信息传输"的平台，但他认为信息的操控者拥有至高无上的权力，并将网络空间归于科幻玄学之中，称其是人的意识与灵魂脱离躯体之后的存在空间，有着较强的唯心主义色彩。而同一时期的科幻小说家尼尔·斯蒂芬森（Neal Stephenson）则有着与吉布森相类似但却更加贴近于现实的观点，其"变体式网络空间"的描述将人的躯体进行了保留，指出人们可以在网络空间里借助"化身"即"电子人"身份来实现相互间的交流。总的来说，两位小说家笔下的"网络空间"虽是以"幻想"形式诞生，但却在此后引发了一系列科技与理论上的革命。

此后，随着互联网与信息技术的不断发展，有学者开始意识到网络空间里的现实性因素要远高于抽象性因素，因此对网络空间里的虚幻性进行了剥离，其代表人物是约翰·巴洛（John Perry Barlow）。巴洛将网络空间描述为"以社会交往为内核的一个超越物理边界的全新世界"，并指出随着这种交往的不断发展，网络虚拟社区最终得以形成。在社会学视角里，存在于网络空间中的社会关系则是学者们考察的重点。曼纽尔·卡斯特（Manuel Castells）指出，打破物理边界限制的网络空间实则是网络社会的一种空间上的描述，它的出现改变了传统意义上的海、陆、空、外太空等空间形态，人类的生产、生活以及彼此间的互动方式也同样产生了极大的变化。一方面，在网络空间里，人们可以借助科技手段建立起不同于真实世界的各种虚拟身份或关系；另一方面，网络空间这种"数字化符号空间"的延伸性特质，实现了人类"行为空间"与"地理空间"的分离，并促使网络空间成为连接全球信息的无中心媒介，这大大加速了人类信息的传播效率；此外，在网络空间中人们可以借助各类移动终端实现"面对面交流"，这种虚拟社会的人际交往和独有的叙事方式，则成功塑造了现代人的身份以及行为的架构①。

总体而言，学术界对于网络空间的概念界定经历了从虚幻描述到实际概括的一个发展历程。现如今，我们可以将网络空间视为基于互联网技术、信息技术和虚拟现实技术所发展起来的、以符号为媒介建立起人际虚拟交往的一个互动型社会文化空间。它以现实世界为基础，是物理空间、社会空间、文本空间等在网络世界的一种投影。在本研究中，就互联网环境身份认同的性质而言，"网络空间"实际上是个体以虚拟自我的存在形式参与社会间交流的一个展演的平台。其主要特征是容许个体在同一空间中以多种人格身份来扮演不同的社会身份，凸显了个体心理情绪的复杂性与开放性。事实上，正是借由互联网所提供的公共场域，当代个体得以在虚拟的网络空间里通过语言、行为等方式彰显其存在。总之，网络空间与现实世界既相互独立又彼此关联，二者共同构筑起现代人生活的空间。

二、网络体育迷和篮球迷

迷，即通常所说的粉丝，缘起自英文"fans"的音译，在中文里则俗称为"追星族"或者"迷"，而当其作为单个粉丝集合体时，又可被视为"迷群"。"fans"在英文语境中意指某事、某物、某人或某种文化的狂热追随者或崇拜者。而"迷"在中文语境里则通常有两种含义：其一是失去了辨别、判断的能力，如"执迷不悟"；其二是指醉心于某种事物的人，如"体育迷"。从二者的表面含义上来看，"迷"无论是在英文还是中文语境中，都被赋予了一定的"痴

①孟佳琳.大学生网络空间道德教育研究[D].辽宁大学，2020.

迷"或"狂热"的极端属性，因此在很长一段时期内，国内外大众媒体都将那些被称之为"迷"或"粉丝"的受众污名化为"歇斯底里"的、"狂热偏执"的群体，尤其是对诸如足球迷、篮球迷等集体对抗性竞技运动的粉丝群体，更是普遍认为他们对某个体育明星、俱乐部或球队有着极度的迷恋甚至失去理智的痴狂。然而，传统媒介所勾勒出的这种"所谓的体育迷形象"，实则是片面且相对扭曲的。

现如今，伴随着信息化浪潮的席卷而来，"迷"与互联网完成了邂逅，迷文化开始日益演变为一种更具全球化、大众化和潮流化的全新互动形式，而"粉都"也逐渐作为一种十分普遍的社会与文化现象，出现在大众日常生活的方方面面。例如观看球赛、聆听音乐会、网络追剧、通宵网游、彻夜排队购买最新电子产品等，都已成为现代人司空见惯的文化与娱乐方式。各种各样的诸如"体育迷""动漫迷""美剧迷""游戏迷"等迷群体，也成为现代流行文化资本积极的生产者与使用者。在当今这个数字化生存时代，"迷/粉丝"已经一跃成为时下互联网虚拟场域中最为热门的流行词汇，其原有的内涵与范畴也随之产生了极大的变化与拓展。在这个影像景观全方位渗透的媒介化社会，几乎每一个现代人在其一生中，都有可能成为某一类或者某一些文化产品的迷。甚至从某种程度而言，每一个媒介消费者都是"迷"，"粉丝经济"已成为消费者日常生活的核心。

然而，需要特别指出的是，在学术研究中不是所有的"粉丝"都能被称之为"迷"。对于本研究而言，网络"体育迷"不只是那种简单的对体育相关的人事物的喜爱与迷恋，而是体育文化的重要践行者，即拥有一定的体育文化资本，长时间的在网络虚拟场域开展实践活动，与其他社会成员互动与交流。他们与普通媒介受众之间的最大区别在于其"过度性"，即沉迷的程度更为深刻。正如费斯克和桑德沃斯所指出的那样，"迷"是"过度的大众文化接受者"，规律和重复的"文本消费"是对"迷"进行界定的最为重要的行为要素之一。因此，长时期使用媒介是成为"迷"的关键界定标准。在本研究中，著者将那些有规律的、重复的对体育相关文本进行媒介消费，并且在网络场域内开展一定程度粉丝活动的阅听人视为体育迷。而篮球迷则是在此意义之上，以体育运动中篮球项目相关内容为迷客体的粉丝人群。

三、身份认同

从词源的解释上来看，"身份认同"在英文中对应的单词是"identity"，有"身份""特征"以及"同一性"的意思,其含义主要包括两个方面:其一,指内在的统一与持续,即"我"之所以能成为我,所区别于"他者"的身份特征;其二,指事物与事物之间、个体与他者之间的"同一性",尤指心理或感情上的同一。而身份认同在汉语中则是个合成词,由"身份"与"认同"两个词语所组合而成。尽管二者在英文中指向同一个单词"identity",但是"身份"与"认同"在汉语中却有着些微的不同。其中"身份"是名词,意为"个人或者群体据以确认自我在社会中所处地位的显著特征或依据",而"认同"为动词,意为"个体或者群体对自己特定社会地位的追寻与确认,前者突出"自我"区别于"他者"的特征,强调"差异性",而后者则是侧重自我对群体的归属感,强调"同一性"①。

身份认同中的这种"同一性"不仅包含着"同一",同样也包含着"差异"。身份认同既是一个"认同"的过程,同时也是一个"辨异"的过程,这主要是因为个体只有在与"他者"的差异对照中才能标识出"自我",如果没有他者这面"镜子",个体也就无法去认识自我,然而身份认同之所以成为问题,主要也是"差异性"的存在所导致的。个体与个体之间,群体与群体之间只有在不同背景、不同文化、不同阶层的相遇中产生碰撞,才会出现对身份认同的疑惑。一般情况下,身份认同主要分为两类:自我认同与社会认同。自我认同即个人认同,是指个体对自身生活状态、工作情况、过往经验、现实情境以及未来期望等方面的感知,体现了个体对自我身份的"主动性"反思、追寻与确认;社会认同则是指个体对其所属群体以及借由这一"群体身份"所产生的情感与心理的归属、价值观的知觉,即个体作为一个群体成员的"身份定位"与"自我概念认知"②。

身份认同是西方文化研究的一个重要概念,弗洛伊德的精神分析理论、埃里克森的心理社会发展理论、米德的社会角色以及符号互动理论等,都对早期身份认同领域的研究产生过重要影响。对"identity"进行的探讨可追溯至哲学领域里黑格尔哲学中的"同一性"概念。发展至今,学术界对身份认同的探索维度已遍及哲学、心理学、文化学以及社会学等诸多研究领域。

从哲学的角度来讲,身份认同是主体的一种身份感或者存在的意义。哲学

---

① 钟帆,刘艳,潘皙,等.形象文本研究:西方文化身份认同建构视域下的思考[M].成都:四川大学出版社,2018:147.
② 寻阳.我国高中英语教师身份认同研究[D].上海外国语大学,2012.

维度上对"同一性"的认知与主体自我意识的形成密切相关，从笛卡尔到康德再到黑格尔，他们的主体都是普遍有效和抽象不变的超验主体。心理学上的"认同"则是侧重于个体自我认同的研究，弗洛伊德将"认同"视为"个人"对"他者"的价值、举止、形态进行模仿、内化，并最终形成自身行为模式的一种心理过程。埃里克森则通过对青少年群体"同一性危机"的研究提出了"自我同一性"的观点，指出自我同一性是个体自我整合并形成自我同一感的过程，即个体基于其过往经验所形成的内在一致性与连续性，并将其形容为"最令人满意的同一感被体验为一种心理社会的安宁之感，它最明显的伴随情况是一种个人身上的自在之感，一种自知何去何从之感，以及一种预期能获得有价值的人们承认的内在保证"[①]。在社会心理学视角之中，自我认同则被米德首次赋予了社会的维度。在其看来，人首先且必须是"社会"的存在抑或"群体"的存在，随后才能成为个体的存在，同时将自我分为"主我"与"客我"，其中，"主我"是一种自我的向内感与深度感，而"客我"则是"自我"与"他者"之间相互影响、相互造就的社会关系，米德通过对心灵、自我和社会的逐次分析，论证了个体进化为社会性个体以及社会将个体塑造成社会性个体的双向动态过程，并指出在这一过程中只有当个体具备将自己视为"客体"以及将"客我"与其他事物进行区分的思维时，自我才得以最终形成。

不同于心理学领域对个体自我认同的侧重，在社会科学研究中，个体的身份认同往往被放置于群体或者共同体中进行讨论并产生意义，社会学领域相关学者对身份认同所进行的阐释则是侧重于社会对身份认同的作用以及形塑的过程。库利在其提出的"镜中我"理论中，肯定了社会关系在建构个体自我认同时的重要性，指出个体的自我认同是在与他人的社会互动中所形成的，他人对自己的评价、对自己的态度是反映自我的一面"镜子"，个体则是通过这面"镜子"去认识自我和把控自我[②]。吉登斯同样肯定了社会关系在自我认同中的作用，指出"一种社会定位需要在某个社会关系网中制定一个人的确切'身份'"，强调通过社会关系网去定位"身份"，并在自我认同概念中提出了"反思性"，认为自我认同"并非个体所拥有的特质或是特质的组合，而是个体基于其过往经历对自我所做出的一种反思性的理解"。

①埃里克·H.埃里克森.同一性：青少年与危机[M].孙名之，译.北京：中央编译出版社，2015：166.
②查尔斯·霍顿·库利.人类本性与社会秩序[M].包凡一，王溦，译.北京：华夏出版社，2020：120.

而基于文化学维度对身份认同所展开的研究则是伴随着欧美各国"身份政治"概念与实践的日趋盛行才逐渐引起学术界的重视，并成为文化研究中特定的议题所流行开来的。在文化研究领域"身份"通常被用来形容"存在于现代个体中的自我意识"[1]。"现代自我"则被认为是自主和自我反思的，身份的这种反省意味着作为现代身份特征的"自传式"思维缔造了一个连贯、一致的有关过去身份的意识，而这种身份则必须在当前得到认可并且要在未来被再锻造[2]。从某种意义上讲，身份认同几乎就等同于文化身份认同。在霍尔看来，如果我们想要真正明确个人身份认同或者集体身份认同所表达的含义，那么我们就必须寻找它们的"根"，这种"根"其实就是文化层面个体或者群体对"意义"的追寻与解读。

综上所述，身份认同作为当今社科领域无所不在的复杂概念，其研究的维度已覆盖哲学、心理学、社会学、文化学等诸多学科。由于不同学科所分析探讨的侧重点有所不同，因而对身份认同的阐释也就相应地有所差异。但总的来说，可以将"身份"理解为"自我"区别于"他者"的特有属性，是个体用来确定自我的某种社会性存在。它既内在地蕴含心理与情感上的归属，同时也外在地指涉实体性的形象以及象征性的地位。换言之，身份认同是基于对自我归属的认知所产生的对个体或者群体的情感与实践行为，即明确"我是谁"和"我们是谁"的问题，表现为个体辨识"自我"异于"他者"，或同属于某个群体的特征；个体或群体对某种特定文化的偏好；个体对所属群体的依存和对群体成员间关系的处理；等等。

---

① 周平.同性恋银幕形象的演化与身份建构[D].武汉大学，2013.
② 阿雷恩·鲍尔德温，布莱恩·朗赫斯特，斯考特·麦克拉肯，等.文化研究导论[M].陶东风，等，译.北京：高等教育出版社，2004：224.

第四章
"篮球迷"身份的自我认同建构

篮球迷是一种兼具"个体性"与"群体性"的受众存在，表现为：一方面，篮球迷个体会对诸如篮球明星、运动队、俱乐部等具象的迷客体抑或其背后的体育迷文化产生认同，继而通过具体的"崇拜"行为将自我转化为"篮球迷"；而另一方面，作为迷个体的篮球迷具有不确定性与流动性。只有当个体聚集在一起形成较为稳固的群体时，一种共同体的身份认同才会最终确立下来。在本章部分，著者将以"观展/表演"范式作为研究框架，通过篮球迷个体的文化实践行为，分析其背后的心理作用机制，探索作为篮球迷的自我认同建构过程，即回答"我是谁"的问题。以此来探究个体是怎样建构起"篮球迷"身份的自我认同，以及媒介在这一过程中发挥了什么样的作用。

第一节　篮球迷自我认同建构的基础：媒介渗透

一、中国篮球迷及其发展历程

（一）"迷"的前世今生

在进入国内篮球迷的情感世界与日常生活之前，首先来简要回顾下篮球迷的形成与发展。欧美学者认为，作为"fanatic"（盲信者）的缩写形式，"fan"（迷）最初被用于指称那些狂热、盲信的宗教崇拜者或行为，但在随后一段时间内该词则逐渐消失，直到十九世纪末"fans"一词才被再次用以指代早期的棒球比赛观众，自此"迷"这一称谓便开始被广泛地用来形容体育、音乐、影视等各种文化形式的受众群体①。而在中国历史上，"迷"的发展可以追溯至远古时期人们对"神明"的膜拜和对宗教的虔诚信仰，随后发展到封建社会时期对"圣贤"和"英雄"的崇拜，以及现代社会对影视明星、歌星、体育明星、作家等多元客体的偶像崇拜。可见，在中西方历史文化中，所谓的"迷"归根到底都是对某一"迷客体"狂热崇拜的受众存在。而本研究中的篮球迷，则可

---

①Cavicchi D.Tramps Like Us: Music and Meaning Among Springsteen Fans[J]. Ethnomusicology,1998,45(2):357-379.

被看作是对篮球运动相关的人事物以及所蕴含的文化的狂热迷恋者与崇拜者。

一、媒介传播视域下的中国篮球迷发展历程

篮球运动起源于美国，传入中国至今已一百二十余年。当1895年篮球运动落地津门时，国内还处于封建社会时代。随着此后被誉为"篮球大王"的董守玉和唐宝堃先生，以及被姚明称之为"中国篮球运动祖师爷"的李震中先生等一批明星球员的出现，在华夏大地，起步艰难的篮球运动很快成为最受人们欢迎的体育运动。在当时传播媒体的作用下，同时也涌现出了大量热衷篮球运动的男女球迷[1]。经过一百多年的发展，篮球运动已成为当今中国球迷人口最多的体育项目。其中，作为"迷客体"重要传播载体的媒介，则在我国篮球迷文化形成与发展过程之中扮演了重要的角色。根据篮球运动诞生的时代背景、传播媒介的技术发展以及迷与媒介之间的互动关系，本书将中国篮球迷的发展历程划分为"印刷传播""电子传播"以及"媒介渗透与互动"三个阶段。

1.印刷传播时代

迄今为止我国发现的最早有关体育赛事的传播，始于1864年在《上海新报》刊登的名为《第一日跑马单》的文章；在中华人民共和国成立后，于1950年创刊并且由毛泽东主席题写刊名的《新体育》杂志，则是我国最早的专业体育期刊；到了20世纪80年代，随着我国体育报业的快速发展，以体育赛事传播为主要内容的新闻性报刊数量开始急剧增多，并且越来越多的省级以上的综合性报纸也都陆续开通体育专栏；与此同时，诸如广州发行的《足球报》以及天津发行的《球迷报》等将特定人群视为其传播对象的专业体育报纸的诞生，则开拓了我国体育报纸传播的新领域[2]。而1981年由国家体育总局创办的《篮球》杂志和1985年在长春创刊的《中国篮球报》，则分别是中国第一份商业篮球期刊和最早的篮球专业报纸（见图4.1、图4.2）。但略显遗憾的是，《中国篮球报》在发行了十多期之后便很快停刊了，发行量甚少，几乎没什么影响力。但是，这些期刊和报纸的出现，为当时的篮球迷了解篮球赛事动态，以及通过文字或图片的形式接触球员和球队打开了通道。

---

①梁希仪，孙保生.华夏篮球[M].北京：北京大学出版社，2020：1-22.
②王瑜.我国体育赛事传播的发展历程及特点解析[J].新闻界，2013(10)：67-71，76.

图 4.1 《篮球》杂志封面图

图 4.2 《中国篮球报》示意图

在印刷传播时代，报纸与杂志是篮球迷获取相关资讯的主要渠道。这主要是因为只有那些有条件的球迷才能够亲临现场，作为"场地球迷"实时观看现场比赛。然而，从本质上来说，最初的篮球迷正是因为在现场观看了精彩的比赛才得以形成。由于场地篮球迷只有在特定的篮球赛场这一公共的现实场域内才能够接触到诸如篮球队或篮球运动员等他们所崇拜的迷客体，这一阶段的篮球迷与他们所崇拜的迷客体间实际上处于一种"面对面"的直接联系状态，但是这种直接联系受限于篮球迷自身在社会资本上的区隔，故这一联系并非在日常生活中随处可见，相应地，使其具有了一定程度的仪式感。同时，由于报纸和杂志所呈现出的信息是单向流动的，大众媒介自身承担着信息发布"决策者"的角色，这就使得印刷时代的篮球迷只能作为被动的信息接收者，缺乏主动性，即只能是作为"读者"或"场地球迷"的身份，因此也就无法参与与迷客体的直接互动中。此后，随着媒介技术的不断创新与发展，广播和电视等电子媒介诞生并开始受到推广。电台主持生动且充满激情的篮球解说，以及电视赛事转播给篮球迷带来的直接的感官冲击，使得篮球迷的观赛方式以及与篮球相关资讯的获得途径也随之发生了变化，报纸和杂志的媒介地位开始下降，国内篮球迷开始向电子媒介传播的时代迈进。

2.电子传播时代

广播和电视是电子传播时代最为主要的媒介形式。1930年在杭州举办的第四届全国运动会，是我国最早利用广播媒介进行体育赛事的传播[①]。在中华人民共和国成立后，中央人民广播电台对1950年访华的苏联代表团在北京进行的一场友谊赛所做的实况转播，则开启了新中国体育实况转播的先河。到了改革开放之后，随着国内体育赛事的日益增多以及广播技术的不断完善，以广播为媒介进行体育赛事的传播则逐渐成为主流。而在20世纪70年代初期，福建泉州等地就出现了由当地华侨于春节期间资助举办的村与村之间的篮球对抗比赛，并且往往请来的队员都是国手或职业球员，甚至是美国黑人选手，赛事水平相对较高。加之当地广播媒体宣传力度很大，因而出现了大量的篮球迷。

与报纸和期刊等媒介相比，广播媒介则更具便捷性、实效性以及感官上的吸引力。那些无法进入赛场观赛的篮球迷可以通过广播第一时间获取赛事动态，全面了解比赛进程。虽然依旧没有直观的赛场实时画面，但赛事解说员生动且富有激情的语言描述，同样给予了球迷听觉上的冲击。与此同时，具备一定专业篮球知识的解说员对比赛进行一些评论，则让作为听众的篮球迷拥有了主动进行语言评论的能动意识。在比赛结束后，三五成群的球迷则会聚在一起，以模仿的口吻对比赛进行点评，这无疑开拓了球迷之间交流与互动的新形式，也间接扩大了球迷群体的数量，有不少的球迷最初正是在听到他人对篮球比赛的生动评论和描述后才被吸引进来。此后，小型可携带广播设备以及车载广播的出现，使得广播媒介的应用场景变得更加多元，球迷们可以随时随地收听想要关注的赛事广播，进一步摆脱了场地观赛的限制。直到电视和互联网的出现，广播这一媒介形式才逐渐退出主流舞台。

自中国电视诞生之日起，体育栏目就是其重要的节目内容之一。1958年北京电视台转播的"八一"男女篮球队友谊赛，是中国体育电视史上乃至中国电视史上的第一次实况转播。1995年元旦开播的中央电视台体育频道（CCTV5）则是中国第一个自办的体育频道，同时也是当前国内规模最大、拥有世界顶级赛事独家报道权最多的专业体育电视频道。体育频道的开播满足了国内体育受众不断增长的体育观看需求，因而受到广大观众特别是体育迷的热烈欢迎。21世纪初，一档名为《篮球公园》的全国性篮球专题节目应运而生，它的出现，满足了国内篮球迷对篮球知识与信息的渴求，成为国内篮球迷每周必看的节目。相较于报纸、期刊和广播，电视媒介则更具画面感、氛围感与视觉冲击力。篮

[①]魏伟.1923—1949年我国体育广播发展分析[J].体育文化导刊，2010(07)：132-134，148-149.

球迷坐在电视机前就能直接观看国内外精彩的篮球赛事，并能直观地感受到比赛现场火热的氛围，且观赛成本远低于亲临现场。电视媒介的出现与普及进一步扩大了球迷群体，电视篮球迷则成为时代的主流。以广播和电视为主的电子传播时代，不仅在很大程度上打破了地域上的限制，而且其赛事回放、画面聚焦与放大、专业的球评与解说等独有的媒介传播优势也是场地球迷无法体会的，因此衍生出了大量的非场地篮球迷。而随着互联网的出现以及媒介技术的进一步创新发展，当代赛事传播则几乎完全冲破了时间与空间的限制，现代篮球迷则迈入了媒介渗透与互动的新时代。

3.媒介渗透与互动时代

随着互联网技术的不断发展以及信息化科技的日益完善，当今社会的媒介环境已发生了翻天覆地的变化，现代人正身处一个弥漫着各种图景与影像的媒介化时代。户外大屏影像投放设施、公共交通工具上的移动电视、个人智能化手机、平板电脑以及VR虚拟现实技术设备等新型媒介手段的出现，使得现代人的日常生活逐渐被影像的洪流所包裹，阿伯克龙比和朗赫斯特两位学者将这种媒介饱和的社会环境称之为"媒介渗透"。

媒介环境的改变直接影响着篮球迷群体的观赛选择、观赛体验以及互动方式。此前，篮球迷要么选择去现场观赛，要么就是选择蹲守在电视机前定点观看既定的赛事直播或录播，自主性相当有限。而现在，随着网络和媒介技术的不断发展，篮球迷观赛方式有了很大的自主选择空间。只要连接互联网，球迷就可以随时随地选择通过智能手机、平板、笔记本电脑等设备来观看比赛，进一步摆脱了赛事观看在时间和空间上的限制。

互联网与新媒体的融合不仅为篮球迷提供了多元化的观赛平台，同时也改变了篮球迷日常的交流与互动方式，各种线上篮球迷社区也随之应运而生，如虎扑篮球专区、腾讯篮球专区等。现如今，篮球迷不仅能在观赛时参与球迷互动环节，例如通过发弹幕、发帖等文字形式直接参与比赛直播当中（如图4.3所示），在比赛后还能在线上社区分享自己的观赛心得，围绕比赛阵容、球员状态、技术统计、比赛结果等信息与志趣相投的球迷进行各种交流与互动行为（如图4.4所示）。自此，赛事观看真正融入球迷的日常生活之中，媒介渗透与互动时代的来临则完全开启了受众与媒体的双向交流模式，篮球迷的主动参与性也由此得以真正实现。

图 4.3 球迷弹幕互动图

图 4.4 球迷观赛分享图

综上所述，篮球迷观赛方式的选择、赛事观看的体验以及互动交流的行为是与媒介技术的发展密切相关的，不同的媒介传播方式造就了不一样的篮球群体。中国篮球迷大致经历了由最初的"印刷传播"，到之后的"电子传播"，再到当前的"媒介渗透与互动"三个阶段。其中，在印刷传播时代，出现了第一批以现场观赛为主的场地篮球迷，报纸、期刊是这一时期篮球迷获取赛事资讯的主流渠道。同时，篮球迷与篮球赛事之间则是单向接受，球迷几乎不具备主动性；到了电子传播时代，广播和电视等媒介方式的出现，使得篮球迷获取赛事信息的渠道逐渐多样化。与此同时，赛事的体验因为有了声情并茂的解说、真实的画面冲击，以及远低于现场观赛的成本支出，使得广播篮球迷和电视篮球迷等非场地篮球迷的数量急剧增多。然而，此时球迷与赛事之间的互动依旧是单向的；在当前的媒介渗透与互动时代，互联网的出现与广泛应用，打破了篮球迷观赛的时空限制。借助新媒介设备，篮球赛事资源已变得唾手可得，篮球迷群体也更加多元化且共存。既有购票观赛的场地篮球迷、定点观看的电视篮球迷，也有借助智能手机、电脑、VR等高科技设备通过互联网传播观赛的网络篮球迷，并且能依据自身条件在各种形式的篮球迷之间随时切换。在以用户为中心的当今媒介化社会，篮球迷与赛事之间则实现了双向交流，篮球迷的主动性也得以真正实现。

二、媒介渗透与篮球迷身份认同建构间关系

阿伯克龙比和朗赫斯特在观展/表演范式中提出，一个观展、自恋和表演的社会离不开想象的力量，人们必须通过想象来思索并选择其外观抑或品位的呈现方式，这种外观或品位的呈现事实上表达的则是个体想要成为什么样的人，以及希望他人如何去想象自己。然而，想象若要成功必须有资源。而在当今社会，"影像"作为想象最主要的资料来源，则大部分是由各种形式的媒介所提供的。甚至从某种程度上来讲，媒介就是想象最为重要的资源。媒介作为迷客体最为重要的传播载体，对迷文化中"迷认同"的形成与发展起到了举足轻重的作用。

在我国，最早一批的篮球迷只能在篮球馆或篮球场这种特定场域才能接触到诸如赛事、运动队、运动员等崇拜的客体。此时的篮球迷与迷客体之间是面对面形式的直接联系，人们大多是在直观感受到赛事或者运动员的魅力之后，继而对其产生了追捧，成为某一客体的迷。但是，由于这种直接联系的建立受制于篮球迷自身社会资本的区隔，因此无法随处可见。而随着报纸、期刊、广播、电视等大众媒介的出现，篮球迷则可以借由印刷文字了解其偶像的动态，或是借由屏幕捕捉其偶像的影像。此时他们之中大多数篮球迷的观赛体验，依旧更多地是存在于真实的生活之中，不过相应地成为篮球迷的社会资本与此前相比有所降低，但是此时的篮球迷仍是媒介信息被动的接收者。然而到了当今数字化生存时代，互联网和虚拟社交平台等新媒介方式的出现，使得当代篮球迷不仅可以通过形式多样且更低成本的信息渠道主动收集想要的偶像信息，同时，还能借助网络社交平台主动去发表与迷客体相关的文本或图景内容，使这些创作出来的内容成为当代媒介景观的组成部分之一。当今社会的篮球迷已不再是被动的信息接收者，而是体育亚文化重要的主动参与者。因此，我们可以认为是新媒介重塑了现代体育迷文化。

当代大众媒介，尤其是互联网融合下的新媒体，创造了现如今这个以影像的生产与消费为主的媒介化的社会形态。铺天盖地的媒介影像主导着现代人的日常生活，媒体诉说的意识形态则被五彩斑斓的视觉图景所包围，媒介时代的

景观生产开始取代工业时代的商品生产，凯尔纳提出的"媒介景观"逐渐成为
塑造现代人意识形态的"底料"。在这个泛媒介化时代，人们的日常生活无不
充斥着由大众媒介所创造出的各种影像，现代人无时无刻不被媒介的洪流所围
绕。媒介不仅建构了我们"观展"的对象、客体，同时还建构了我们"观展"的
方式。阿伯克龙比与朗赫斯特则使用"扩散受众"这一概念，来描绘那些浸泡于
无处不在的媒介影像洪流下的"大众阅听人"。扩散受众是基于当今社会媒介饱
和状态下所诞生的一种全新受众样态，媒介景观对日常的全方位渗透使得现代人
即便没有直接触碰到媒介，但却仍无法摆脱媒介信息所承载传递的各种意象、文
化抑或价值观等"内容"的影响。媒介渗透下没有人能够摆脱受众的身份，现代
人或直接或间接地全都成为媒介受众。无法摆脱受众身份的现代人，逐渐变得
不再满足于自我的"凝视者"地位，开始尝试塑造自我并期待能成为他人凝
视的对象。尤其是在以互联网和社交平台融合为特点的新媒体加持下，人们
开始在网络空间以文本书写或者影像展示的方式来随心所欲地呈现自我，供
他人观看。在此意义上，受众完成了观看者与表演者的身份的统一。这些现
象在当代篮球迷身上得到了很好的体现。有篮球迷这样描述自己的心路历程：

　　　　我是在我本科室友的熏陶下入坑"欧文迷"的。记得有一天，我正在寝
　　室躺着发呆，突然就被他的一阵叫喊声给惊到了。走过去一看，原来他在电
　　脑前观看勇士队与骑士队的总决赛。话说当时我只是知道有篮球这项运动，
　　也没看过NBA，更别提认识什么球队或者球星之类的了。后来才知道他的兴奋
　　是因为欧文在最后时刻绝杀了对手，赢得了那年的总冠军。之后的几天，我
　　在学校里看到有不少人穿着欧文的球衣。在食堂吃饭，还会时不时地看到电
　　视屏幕上播放欧文那记绝杀三分，这让我对这个人开始产生了兴趣。我便向
　　室友打听跟欧文相关的一些信息，也开始关注欧文的比赛，为欧文入选全明
　　星去投票和拉票，为此专门去收集欧文的签名款球鞋。在逛街时要是看到有
　　人跟我穿一样的球鞋，还会彼此相视一笑，意思就像是，你也很有眼光啊，
　　哈哈，瞬间感觉我们都是同一个组织的。（M4，27岁，民企职员）

　　　　我是稀里糊涂成为"詹蜜"的。记得有一次去逛耐克店，进门就看到
　　一张大宣传海报，一个穿球衣的黑人拿着双我觉得还挺好看的鞋。导购一
　　个劲儿地向我推销这双詹姆斯的球鞋。回到家里，好巧不巧，电视上竟然

也在播放詹姆斯的球鞋广告,我就下意识地用手机搜索起詹姆斯的一些个人信息。看到了他获得的一大堆荣誉以及人们对他的评价,我也就开始关注起了这个人。随后,机缘巧合地发现一个同事竟是詹姆斯的死忠球迷,一聊到跟詹姆斯有关的话题,他就会滔滔不绝,还会时不时给我发一些詹姆斯比赛的集锦,让我这个之前不咋看球的人也看得热血沸腾。此后我便一发不可收拾,买詹姆斯的签名鞋、球衣,模仿他的穿搭风格,加入网上的一些詹蜜群,分享自己对比赛或者装备的一些看法,分享自己收藏的周边,感觉自己已经妥妥地成为一名詹蜜了。(M12,26岁,民企职员)

这些篮球迷对自己"入迷"的心路历程的描述,恰恰验证了观展/表演范式中两位学者所提出的"媒介渗透会导致有些受众个体虽然没有直接接触到媒介,却不可避免与媒介相关的话题,他们终究会间接触碰到媒介形象,并被包裹在各种直接或间接的媒介形象中,最终以表演的形式去建构自我,塑造认同"的这一观点。

综上所述,在当今这个媒介化的社会,伴随着网络化与全球化的持续推进,与篮球相关的各种媒介影像则在世界范围内不断流动,现代篮球迷已身处媒介影像的洪流之中,媒介的全方位渗透使得篮球赛事以及与篮球相关的信息、文化无处不在。大众媒介尤其是以社交媒体为主的新媒介,不仅为篮球迷随时随地获取想要了解的篮球景观提供了便利的渠道,同时还提供了用于篮球迷日常生活中的规范、经验,以及思维和行动的框架。随着媒介影像渗透至篮球迷日常生活中的每一处细节,他们便开始不再只满足于自身观赛者的地位,继而会尝试进行互动以及情感性的参与,而这种"参与"最终会以多种形式的"表演"呈现出来供他人凝视,并想象他人的回应,从而达到自身"观看者"与"表演者"身份的融合,由此完成当代篮球迷自我认同的建构。因此,可以将"媒介渗透"视为篮球迷身份认同建构的基础。

第二节 篮球迷自我认同建构的起点:自恋

阿伯克龙比和朗赫斯特将"自恋"视作是迷的自我认同建构的起点,台湾学者张玉佩则用"顾影自怜"指代两位学者对迷与迷客体互动中"自恋"概念的阐释，认为媒介渗透使人们的日常生活被影像的洪流所包围，面对无所不在的媒介影像，人们犹如整日坐在水边观赏自我倒影的纳西索斯，陶醉于幻想中的自我却又无法完全透过镜像触碰到真实的自我。于是，人们进行表演，借由外界对自身的投影来定义自我。然而，这种外界的映射有可能是真实存在的，但也很有可能仅是人们所萌生出的一种想象。在现如今"媒介饱和"的社会状态下，观展/表演范式对"自恋"的这种诠释无疑为我们探索当代体育迷文化提供了一个新的研究视角：身处媒介饱和环境下的当代篮球迷，通过在网络虚拟场域内进行各种"展演式"的行为呈现来实现自我的建构，而这种借由"想象他者反应"所进行的展演行为则是源自个体"自恋"的心理诉求。

但是需要注意的是，不能单一地认为这种想象式展演里面的"顾影自怜"元素就是"迷"与"迷客体"关系中"自恋"诠释的全部。在西方迷研究中有学者指出，迷是以"自我的一部分"而不是"与自我相对立"来体验迷客体，也就是说，迷感知迷客体是将其视为自我的一部分，而不是将两者的关系泾渭分明地区分。而迷之所以会这样，正是因为迷能在具象的迷客体中识别出自身的某一"投射"。因此，"迷客体"与"迷自我"之间是相互交织，不可分割的。与此同时，我们还要意识到并非所有的迷个体都会采用公开展演的形式来呈现自我。以篮球迷为例，虽然他们会在网络平台进行某种形式的媒介消费或文本生产行为，但他们展演的目的并不是取悦他人，而是将自己视为展演最为重要的观众。在此意义上，迷的"自恋"则不是基于想象中他者的期待或反应所进行的自我表演或重塑，而是将"迷客体"看作是一个"延伸的自我"。本研究对观展/表演中"自恋"的解读则可概括为：一种个体源自大众媒介的对自身欲望的投射，它既包括传统意义上人们对于"自我"的迷恋，也包括自我对于"外在客体"的迷恋，以及想象性的在"他者"面前展演以塑造出一个外界所期待的自我。基于此，著者在本节将借助观展、表演范式来探索"自恋"在个体作为"篮球迷身份"的自我认同建构中所扮演的角色与作用。

一、自恋与篮球迷的偶像崇拜：情感投射

"自恋"（Narcissism）一词源自古希腊神话中纳西索斯的故事。美男子纳西索斯爱上了水中自己的倒影而无法自拔，全然不知那镜像就是他本人，最终因求而不得的现实溺水而亡。因此，在很长一段时期内，学术界都将自恋看作是一种病态的心理。精神分析学家弗洛伊德较早对自恋做出了理论阐释，他

指出:"性欲本能离开外部世界转向自我则会导致自恋"①。弗洛伊德对自恋的这种解读,相对过于将自恋的个体注意力集中在本体身上而忽视了外界事物。不同于弗洛伊德过于强调个体自我感,麦克卢汉则认为"个体对自我影像的沉迷,是由于自身没有意识到这种'倒影'是自我的反射",而之所以会出现这样的现象则是由于"媒介延伸了个体感知,但个体自身却无法承受这种'延伸的自我'给主体所带来的压力,犹如纳西索斯常常会与水中的自我倒影进行互动一般,媒介的全方位渗透使影像无处不在,人们日渐麻痹,于是'自我'便通过借助'客体'来恢复对自我的掌控"②。在麦克卢汉的解读里,迷客体不再是区别于自我的客体存在,而是一种延伸的自我。以这种观点来解读现代篮球迷文化中的明星崇拜现象,则可以将其看作是篮球迷将自己在偶像身上所看到的完美影像或某一理想特质对其自身的一种投射。

偶像崇拜现象由来已久,古时人们崇拜神明,崇拜圣贤,崇拜英雄,到现如今,随着大众文化的兴起以及媒介技术的发展,各种媒介文本与影像开始充斥我们的日常,影视、娱乐、网络、体坛明星等开始取代传统偶像,成为"世俗的乌托邦中的新神"③。但就本质而言,偶像崇拜可以被看作是普遍存在于历史长河中任一时代、国家、民族中的一种社会性"文化想象",差别只是作为偶像的参照物和崇拜的方式有所不同。偶像崇拜的转换变迁是与受众所处的时代和文化背景密不可分的,不同时期的偶像崇拜现象折射出的则是不同时期特定的社会文化。在当今媒介化时代,偶像崇拜已逐渐成为一种个体自我意识的产物,一种伴随着自我意识的觉醒和自我认知的发展而出现的观念形态。与此同时,现代偶像崇拜也是当个体的自我"同一性"遭到瓦解而出现身份认知紊乱时,人们借由迷客体来塑造新的自我,以及在自我否定阶段追求自我肯定、成为理想自我的一种特殊形式。

有篮球迷这样剖析自己的偶像崇拜心理:

> 我不高,跟大多数人一样,一直觉得篮球就是大个子们的游戏,像我这种身高的人注定不太适合打篮球。直到我看到了艾弗森,我突然意识到矮个子也照样能在篮球场上叱咤风云。在他身上,我明白了篮球靠的不仅

---

①弗洛伊德.弗洛伊德谈自我意识[M].石磊,译.北京:中国商业出版社,2010:147.
②马歇尔·麦克卢汉.理解媒介:论人的延伸[M].何道宽,译.南京:译林出版社,2011:123.
③陈刚.大众文化与当代乌托邦[M].北京:作家出版社,1996:70.

是天赋，更是一种精神，一种拼搏、永不服输的精神。正是受他的影响，我开始疯狂练球，累的时候、受打击的时候，就回看他的比赛录像。失落的时候、想放弃的时候，还是看他的比赛。后来，我终于如愿被选进校篮球队，成为我们学校有史以来最矮的首发球员。可以说，艾弗森是我在篮球场上乃至整个人生中前进的动力，作为偶像他让我知道了：只要你相信自己，不认命、不服输，你就可以像别人一样获得成功，甚至比他们走得更远。（M11，35岁，职业粉丝）

我跟你讲，在林书豪之前，所有人尤其是老美都觉得黄种人根本打不了后卫，更别说以后卫身份在 NBA 立足。但是"林疯狂"的出现，结结实实打脸了篮球圈对黄种人后卫球员的偏见。说真的，林书豪身上承载了太多的黄种人后卫追逐 NBA 的梦想。我们可以没有黑人球员那样的身体天赋，但是只要努力训练，永不放弃，当机会出现时，我们也是能把握住的。每次看到在篮球场上如此拼搏与坚持的林书豪，就像看着同样不愿意轻易认输、不想放弃梦想的自己一样。（M10，26岁，技工）

篮球迷的这种偶像崇拜在某种意义上来说是一种对自我的崇拜。当"自恋者"将其某种"自我形象或者特质"视作自恋参照时，他同样也会将自身所喜爱或是崇拜的客体当作自恋的对象。在体育迷文化中，迷客体如篮球迷所崇拜的篮球明星，则构成了篮球迷个体自恋的对象。篮球迷对篮球明星的崇拜，实质上就是将部分绝对化了的人的能力（例如拼搏的精神），发展成为个体迷恋的一种"偶像"的过程。换言之，就是篮球迷以一种异化的形式崇拜自己，偶像则是其自恋的对象。因而，在此意义上进行相关解读时，篮球迷的偶像崇拜行为则是其建构自我认同的一种特殊的形式，即在迷个体不想继续日常的平庸而试图改变现状时，他们便会将自我的某种欲望、梦想抑或缺憾，投射到所崇拜的偶像之上；与此同时，汲取其偶像身上的某种或某类特质来作为养料，在体育领域中这种养分多为一些积极的、正能量的、精神上的特质；然后，再通过自我反思建构出一个"理想的我"来实现其对自我的认同。

二、 篮球迷想象性的自我反射：迷与迷客体的双向互动

通过迷客体来认知自我，是迷个体实现其自我认同的一个有效途径。在媒

介饱和环境下,迷的偶像崇拜心理的"自恋属性"体现在迷可以在迷客体身上"看到"一个理想化的完美自我。岳晓东将这种迷对迷客体的偶像崇拜归纳为"人类自身在不断演化进程中所传承下来的一种本能的心理与行为倾向,是将自我内心的欲望、理想、信念以及情感向外的一种投射与放大,是一种深层次自我的人格化、现实化与理想化"①。我们可以认为是迷通过自恋形塑了迷客体,将迷客体视为一种自我的反射。然而,迷与迷客体之间并不是单向的流动,而是一种循环的双向互动,具体表现为:一方面迷形塑了迷客体,另一方面迷客体反过来也形塑了它的迷。通俗来讲,就是迷将自我的某一特质或价值观倾注于某种迷客体之上,而迷客体则以此获得了可以影响迷的某种力量,这样一来迷与迷客体之间就形成了一种双向的交流与互动。当迷将迷客体,或对迷客体的崇拜体验视为自我的一部分时,强烈的认同感便油然而生。

如"July尾睫"在百度贴吧发布的帖子:

> 我也不知道我是什么时候喜欢上的科比……我是因为科比而喜欢上了篮球。科比不是你们口中说的仅仅是个篮球球星,或者是某某的偶像。他是我们那些年逝去的青春,是我们学习的对象,更是我们心中的信仰。他教会我们很多,很多用言语或者文字无法表达的感受……他教会我们的不仅仅是球,更是对生活的一种热爱,对生活的不懈努力。

还有球迷表达了同样的感受:

> 还记得第一次知道你的名字,是7岁的我在北京奥运会的杂志上看到一位科蜜写给你的信。其实那时候因为对你不了解而无感。直到真正看你打球的时候,才发现篮球的魅力……因为你,我开始关注篮球、关注NBA,更重要的是NBA2KOL,这个游戏也陪伴了我所有的中学时光……既然在现实中不能像你一样驰骋赛场,就只好在2KOL中圆梦了。你对我的影响真的太大了,可能改变了我的生活和爱好。

在篮球迷的世界里,正是因为偶像的某一特质(在体育领域多为竞技精神)被迷个体视为是一种延伸的自我。同时,本研究认为篮球迷与迷客体之间的这

① 岳晓东.追星与粉丝:青少年偶像崇拜探析[M].香港:香港城市大学出版社,2007:2.

种自我反射是一种双向的互动交流，具体表现为：

一方面，篮球迷需要诸如球星或俱乐部等迷客体来满足其某种期盼或欲望，而迷客体作为篮球迷自我认知的一个组成部分，则是体现在篮球迷个体会通过"想象"去建构一种自我与迷客体的亲密关系上。例如，篮球迷常常使用"我×""我家×"等亲昵的称谓，来称呼自己喜爱的球星或者球队，借此来与迷客体建立起一种幻想式的私人关系。用户"詹姆斯布鲁克林分登"在虎扑社区湖人专区发帖"看看我家老詹"中，就用"我家老詹"来称呼自己的偶像詹姆斯；用户"你听得到"同样在该专区发帖"在自家阳台画的 献给我科"中，用"我科"来称呼自己的偶像科比；在"虎扑篮球资讯"发帖"[留言板]33岁生日快乐！NBA官方晒图为库里庆生"中，更多的球迷们则是在回帖中分别使用了多种昵称向其偶像库里表达了生日的祝福。

同时，这种想象性的自我与迷客体之间的关系还体现在篮球迷会将自我投射到偶像身上，幻想自己像偶像一样在篮球场上驰骋。例如，有球迷这样描述他与偶像之间的关系：

> 如果可以，下辈子我想成为像库里那样的男人。他瘦弱的身躯里却拥有着钢铁般的意志，他用投篮的方式改变了这个时代的篮球，让我们这些普通人也能相信自己可以成为一名优秀的篮球手。每次看勇士队的比赛，只要是库里进球感觉就像是自己得分了一样，库里赢球也跟自己赢了一样。勇士输了的时候，感觉自己整个心都碎了。（M2，19岁，学生）

篮球迷就是寄希望于通过这种想象性的与偶像之间的关系，来形成自我与迷客体之间的一种"我们"的私密联系，这种心理主要是由于篮球迷需要迷客体的存在来满足自我的一种期望、一种梦想或是一种自我感。

另一方面，迷客体作为篮球迷的一种延伸的自我，还体现在篮球迷与迷客体的适配度上，这种适配度实则是篮球迷与迷客体之间主动建构起来的一种相似性或认同。篮球迷会通过强调他们与偶像的某种相似性，继而借由模仿的形式来强化这种适配度，这在篮球迷之中是十分常见的。篮球迷会将自己打球的风格与偶像主动进行适配，然后建立起与偶像之间的联系。例如有球迷觉得自己打球风格像自己的偶像，便将自己称呼为"山东勒布朗""朝阳库里""河南罗斯""成都威少"等，并会将这些称呼用于自己在网络篮球迷社区的账号昵称,以此来作为对自我的一种确认,以及向其他篮球迷炫耀的资本。"darLingLing8"在其发的帖子"今天打球有人说我像库里"中,就将自己与NBA球星斯蒂芬·库里打球风格相似作为其炫耀的资本:"尤其是后撤步,还说我投篮弧线高,像慢动作回放。"

这种因适配度所建立起来的延伸的自我,是篮球迷建构理想化自我的最常见的方式。但是就事实而言,这种"想象中的投射"与"假设的相似性"多是由篮球迷个体根据自己对迷客体的主观臆断所建构出来的,无法被客观地衡量。同时,由于篮球迷自身的主观构成不尽相同,因此还会出现对同一迷客体的解读却由于迷个体自身的差异而导致结果的背道而驰。换言之,篮球迷对迷客体的沉迷,是基于迷的主观解读视角所形成的自我影像的投射。例如,著者在对篮球迷研究过程中发现,同为詹姆斯迷的受众群体对"詹姆斯决定一"①这一事件就有着不同的解读:

> 什么叫开启抱团的时代?这就是一种道德绑架。如果你奋斗的环境告诉你,你就算再努力这辈子也就这样了,而这时候你本有机会能变得更好,你难道不想去尝试一下吗?别拿什么一人一城的故事说事儿,在我看来,如果现实辜负了你,你就得学会转弯,就要走出原来的舒适区,别浪费自己的天赋。你不需要活在别人的道德期望里。我觉得詹姆斯这个决定,是最明智的选择,是智者的智慧。詹姆斯就是那个改变那些传统迂腐思维的领头人。(M13,18岁,学生)

> 我喜欢詹姆斯,我承认他是我见过的篮球场上打球最聪明的球员之一,我也能理解詹姆斯做出的决定。因为站在体育竞技的层面,篮球终究是一项追求胜利的体育运动。但可能我是个老派球迷吧,我觉得詹姆斯和我认知中的90年代那些球星还是有些不一样的。像乔丹、伯德、魔术师这一代的球星,他们也追求胜利,但是他们更喜欢竞争,尤其是那种一人一城、涅槃重生的竞争。所以乔丹没想过加盟活塞队,而是经过九年时间的沉淀击败了对手,成功登顶。还有米勒,就算是终生无冠,他也没想过走捷径去联手别的强者。我是詹姆斯的球迷,但是,我还是觉得这个决定是他球员生涯中的一个污点。(M6,38岁,公务员)

①詹姆斯宣布加盟迈阿密热火队的决定被球迷称作是"决定一"。

这两位篮球迷对同一文本的不同解读，是与其自我性格的特质和自我认知的背景密切相关的。M13是一个00后在校大学生，他们这一代的篮球迷有着强烈的自我意识，对待事物多秉持一种较为开放的态度，不愿被约束。在对待偶像这件事情上，认为只要实现赢球利益最大化的结果就行，过程并不重要。而相比之下，M6是一个80后公务员，性格较为传统，同时深受90年代NBA宣扬的那种凸显个人英雄主义和保持忠诚的篮球文化的影响，认为即使偶像比赛输了，但只要他们坚守过、拼搏过也可以是无冕之王，不会影响偶像在自己心目中的地位。上述不同篮球迷的这种反差，恰好印证了詹金斯所形容的"迷与迷客体之间并非围绕着与众不同的文本所发展，而是基于与众不同的阅读而发展"。也就是说，篮球迷阅读迷文本所建构出来的意义，是来自篮球迷在迷文本中的自我形塑，而不是迷文本本身文字符号上的意义。在此意义上，迷客体成为篮球迷的一种自我的延伸，是被篮球迷建构成可以反射其欲望、理想、信念、目标的一种想象性自我。

三、篮球迷的自我形塑：自恋心理下的符号消费

大众媒介对受众认同的塑造功能早已是昭然若揭，而同样的，消费作为现代人最重要的日常生活行为，也被视为是对当代主体进行形塑的最主要方式之一。伴随着消费主义全面侵入当今媒介化社会的肌理，大众媒介与消费则开始合力来改变和构建大众文化的生成逻辑与运行逻辑，继而共同塑造着现代人的认同。迷文化研究领域的学者们普遍认为，对迷文本规律性的重复消费是衡量迷的情感投入程度的主要标识。阿伯克龙比和朗赫斯特两位学者则将受众这种延续性的媒介消费行为看作是一种想象式的展演，并将其视为是迷自我认同建构的终点，且与自恋遥相呼应。

事实上，人们对明星偶像的追逐是因为大众将明星看作是自身无法实现的欲望或梦想的现实体，明星在某种意义上成了大众定位自我的标尺。在迷的世界里，偶像是具备了迷自身的某一特质，或者具备了迷个体一直想要追求的某种理想形象的一种被建构出来的符号。正因为如此，迷将偶像视为其自我情感投射的产物，并在偶像崇拜的过程中获得了一种情感上的平衡与共鸣。然而大众的这种欲望或梦想，实则是由大众媒介和社会资本所建构出来的。从崇拜圣贤到崇拜英雄，从崇拜科学家到崇拜娱乐明星或体育明星，大众对崇拜对象的选择是与特定时期的社会结构息息相关的。在当今媒介化的社会，大众媒介

与消费主义的深度结合使得现代人的偶像崇拜越发呈现出商业化与符号化的态势。以篮球迷为例,他们不仅会关注球星的性格、气质、品德、成就等,同样的,球星的穿着、发型、代言的商品等也是球迷关注的焦点。而之所以出现这一现象,主要是由于大众媒介和市场资本希望通过对偶像明星的商业性宣扬来赋予粉丝消费的迫切需求。换言之,媒介与市场通过引导迷对诸如偶像穿搭等外在形象的追捧,借由消费主义导向来引导大众进行幻想式的自我形塑与认同的建构,以此来绑定粉丝进行持续的消费行为。

明星在本质上是一种建构出来的符号象征,而在迷文化中迷对迷客体的这种符号消费则是天然的带有自恋式的滤镜。在前文我们已经进行过相关的解读,对于篮球迷而言,迷客体则更像是一种理想化的自我反射,即使迷客体并不完美,但是迷个体还是会基于自身某一特质对其进行不同的自我解读,来尝试完善与美化迷客体的形象。对大多数篮球迷来说,他们之中绝大部分所崇拜的偶像是美国黑人球星,单纯就相貌而言,大多数球星则是不符合主流审美标准的。因此,这些篮球迷会以一种"爱屋及乌"式的"光环效应",来对其所崇拜的黑人球星进行外形上的美化,并且通过凸显其在体育竞技精神、个人荣誉成就等方面的闪光之处,来弱化外貌形象对这类球星的重要性。以当今 NBA 明星球员中外貌处于劣势的吉米·巴特勒为例,这位球星的粉丝往往是肯定他在篮球场上强硬的作风和取得的成就:

> 你觉得一个真正的篮球迷会把关注点放在球员们的长相上吗?我们喜欢的又不是那种唱跳的奶油小生。就像我现在最喜欢的球星巴特勒,虽然他确实是长得不怎么好看,我记得好像看过一个报道说他的生母因为他长得丑把他给扫地出门了。但是你看人家现在,不照样成为家喻户晓的篮球明星。NBA全明星首发球员,上亿美金的巨额合同,妥妥的人生赢家啊。这一切是能用长相换来的吗?不还是靠着他强硬的球场作风和坚持不懈的努力训练得来的吗?说真的,我每次看他打球,都感觉热血沸腾。在我看来,他就是赛场上最闪亮的那颗星。篮球场上长的帅有什么用,真男人的战场需要的是精神和领袖气质,巴特勒刚好全都有。况且说实话,我有的时候倒真觉得巴特勒长得还挺帅的,哈哈,莫非这就是传说中的情人眼里出西施?(M17,22岁,个体商户)

但是，篮球场上也有着一些相貌俊美并且球技俱佳的明星球员，像近年来比较知名的东契奇、勒夫、海沃德等，他们的存在则为篮球迷，尤其是女性篮球迷提供了一种心理上的补偿。这类球星的"小迷妹"们普遍热衷于通过诸如为偶像打榜、投票等形式，不断强调其偶像的外貌特质来达到完善迷客体（主要是篮球明星）整体形象的目的，继而借由公众认同来强化其作为迷的自我认同。例如用户"ZAIV8"通过在虎扑社区发帖"来投票！大家觉得 NBA里谁最帅？"，并附上自己认为帅的球星名单，来号召网络球迷进行投票，以达到强化自我认同的目的。

正是借由对自己崇拜的球星所具有的不同特质的颂扬，篮球迷从球技、成就、形象、精神、品德等多个方面，塑造出了一个立体的迷客体的整体形象，每个人都能从中找到自己迷恋的某一个或某一类闪光点，继而最终将篮球文化上升到一个理想的文化符号的高度。用户"庐阳笑笑生lyxxs"发帖"用一句诗词来形容你喜爱的NBA球星吧"中，通过汉语意境来对美国球星的某一特质进行了描绘：

科比：壮志饥餐胡虏肉，笑谈渴饮匈奴血。（动作美如画，谈笑定乾坤）
乔丹：羲和敲日玻璃声，劫灰飞尽古今平。（压制同时代全部巨星）
詹姆斯：可上九天揽月，可下五洋捉鳖，谈笑凯歌还。（全能带队，古今一人）
罗斯：故垒西边，人道是，三国周郎赤壁。（曾以为，公牛的第二春来了）
卡哇伊：泰山崩于前而色不变，麋鹿兴于左而目不瞬。（机器人是也）
保罗：东下齐城七十二，指挥楚汉如旋蓬。（永远的球场指挥官）

通过对自己所崇拜客体的美化与理想化，篮球迷将篮球文化中球星的个体特质抽象化为代表着拼搏、智慧、坚持、领袖气质等一系列积极正面的形象符号。这一行为从某种程度上来讲，是基于光环效应的心理机制所发挥的功用。篮球迷在崇拜篮球明星的过程中会产生一种"夸大"的认知，这种认知会让篮球迷个体对其所崇拜的球星产生一种强烈的正面心理暗示，导致篮球迷会不自觉的赋予其偶像各种美化过的理想性光环。在这种光环效应的作用下，篮球迷不仅会自动过滤掉偶像在外形或内心上的不足之处，甚至还会人为地赋予偶像更多的美好品行。从本质而言，篮球迷的这种对偶像的夸大认知，实则是为了借由对偶像的美化与理想化来实现对自我认同的强化。在篮球迷的世界里，当他们在现实生活中面临心灵的缺失或是缺乏情感的寄托时，这种代表着正能量的球星符号形象则成为篮球迷个体一种心灵上的寄托。换言之,篮球迷通过将自我的某种缺憾或是某种梦想投射到迷客体身上,借由他者的成功来填补自我的缺失。于是,篮球迷与偶像之间建立起了一种基于"自恋式解读"的认同,并将这种自恋式崇拜下的偶像视为是一种延伸的自我。

当迷个体对其偶像进行了理想化的解读之后,随之而来的便是他们会基于这种解读对自我展开形塑,这种形塑在篮球迷群体中主要凸显在购买球星同款球鞋、服饰等物品的消费实践上。例如有球迷会在网络平台上展示其所拥有的同款球鞋,以此来实现对偶像的某种模仿:用户"达文与辽同在"发帖子"拿着艾伦曾经上脚过的同款球鞋为我辽加油!";用户"里昂玩鞋"发帖子"超限量pe球鞋竟然上脚,库兹马同款!上脚竟然这么帅!";用户"禾斗匕匕的Superfan"发帖子"晒一双LeBron 15 King's Cloak White,小詹同款"。此外,还有球迷发帖寻求偶像同款服饰或球鞋,如用户"快乐的小鸭子爱游泳"发帖问道:"兄弟们,问问库里这衣服叫啥名字?求同款!";用户"eStarUZI"发帖问道:"有人知道詹姆斯这款口罩是啥吗?";用户"金智秀的炸鸡"发帖问道:"大佬们,这几双科比哪双比较适合六突四投,60kg的人,耐磨无所谓,或者有其他推荐的鞋吗?" ①

在各大主流社交平台,经常会见到这种"晒同款""求同款"的帖子。这种大量的篮球迷或普通篮球受众对偶像同款物品的购买欲,还催生了一些"明星同款科普"贴的出现。如用户"木卯草戊"发布的"【球鞋科普】——气垫前掌好还是后掌好?耐克各种气垫介绍"和"【球鞋科普】——脚感不等于缓震?各大品牌中底介绍"两个帖子中,相继详细地列举了篮球鞋相关知识和教大家如何选择适合自己的明星同款球鞋,并且对迷群成员的提问进行了有针对性的回复。与此同时,不仅有这种不定时的发布科普帖的球迷个人行为,甚至还有专门的网站和平台以明星同款球鞋科普和测评作为其主要业务,例如虎扑就专门搭建了运动装备专区、球衣专区等。此外,其他社交平台,例如新浪微博不仅有博主不定期发布各种篮球明星同款服饰、球鞋的相关资讯,甚至还有球迷博主专门从事明星同款代购业务,以此在达到经济资本积累的同时,实现其在球迷群内社会资本的双重积累。在当今社会,尤其是在体育迷领域,购买所崇拜的迷客体的同款物品,已经成为现代体育迷文化的重要组成部分。而这

---

① 虎扑社区.小白求问.科比球鞋求问[EB/OL].(2019-07-11)[2021-12-29].https://bbs.hupu.com/28419564.html.

一行为本质上是与当今社会消费主义盛行，以及大众娱乐文化导向对受众自恋心理的推波助澜密不可分的。现如今体育文化与媒介消费的融合，鼓励篮球迷个体将自我视为与偶像相似的特殊存在。篮球迷一方面借由模仿或者重现迷客体，来获得自我心灵上的满足；另一方面则借助这种媒介消费，来探寻一个新的延伸的自我，以及创造出一个理想化的自我。正是篮球迷个体自恋的人格与当下这种孕育自恋人格的媒介消费环境的结合，共同创造出了一个新的篮球迷自我形塑的方式，即塑造一个基于自恋心理进行媒介符号消费的、强调展示与呈现的表演性自我。

正如阿伯克龙比和朗赫斯特所描述的那样，在媒介化的社会，到处充斥着的屏幕与镜头使得现代人无时无刻不被各种各样的媒介影像所包围，人人都是受众，人人也都是表演者。而在虚拟的网络世界里，人的自恋属性不仅进一步得到强化，更是与网络互为依存，这主要是因为：一方面，受众个体需要有能够让其进行自我展示与自我呈现的平台，而互联网的出现无疑为个体的自我呈现提供了一个广阔的空间；另一方面，没有物理边界的网络空间同样需要表演者为其填充和创造内容。于是在网络空间里，作为自恋者的篮球迷一方面将自己内心的欲望、期盼、梦想投射到迷客体身上，借此来寻求一种情感上的寄托或是一个可以实现梦想的港湾；而另一方面，篮球迷个体又十分依赖于通过他者的反应来确认、肯定其自我存在的必要性与重要性，同时还寄希望于通过模仿以快速建构起一个理想化自我。因而，网络空间里的篮球迷在为他者进行表演的同时，自己也是他人表演的观众。在篮球迷的身上，观展/表演范式中所描述的"实践、经验、感知在迷群自我建构过程中不断循环流动"的这一过程很好地得到了体现。

第三节　篮球迷自我认同建构的驱动力：想象

阿伯克龙比和朗赫斯特将"想象"看作是"促使迷的经验、实践以及感知在'自恋/展演循环'过程中持续流动的最重要的驱动力"，这主要是由于：一方面，迷个体需要借由他们想象中的他者的反应，来对自我进行建构与形塑；另一方面，迷总是借助想象来搭建起自我与迷客体的关系，继而通过这种想象的关系来形塑一个理想化的自我形象。对于个体这种"想象"的溯源，法国思想家拉康认为是始于"镜像阶段"。拉康的"镜像阶段"理论认为，一个6～18个月大的婴儿对镜中自我的辨识过程，是一种基于幻影的自恋经验所建构起的自我认同。同时，也是将镜中自我误认为一个理想化自我的过程，在这一过程中自我被异化为另一种客体所存在。镜像阶段是一个从"破碎"到"想象"的认同过程，同时也构成了人们之后所有认同模式的基础。需要指出的是，不仅是对自我的认同，主体对任意对象的认同其本质都是一种期待、想象以及理想化的关系。而这种镜像并非仅限于真实的镜子，也包括他者对自我的投射，这也恰恰正是拉康之所以会提出"着迷于镜子，并被映于其中的统一的整体形象诱惑的幼儿的后面，一定存在着主体、镜像和第三人称的他者的目光"的原因所在①。

在当今媒介化的社会，全面渗透的媒介影像从某种程度上已取代了原始的镜像。从本质上讲，这种媒介影像实则是一种蕴含了主体想象的镜像映射。而偶像作为篮球迷一种理想化的自我投射，则顺理成章地成为媒介消费环境下篮球迷个体自我认同建构过程中最为典型的"想象客体"。与此同时，鉴于篮球迷个体自身会受到想象中的他者的影响，因而，本研究中所讨论的篮球迷的"想象"则是具有两种面向，其一为"想象中的观众"，其二则是篮球迷与迷客体之间"想象中的关系"。

一、篮球迷想象中的观众

美国心理学家基洛维奇做过一个实验，他让其所就职的康奈尔大学的学生身着某名牌服饰进入教室，穿着该服饰的学生事先预估会有约一半的同学注意他的衣服，然而最后的结果是只有23%的人注意到了这一点，这就是社会心理学中的"焦点效应"实验。焦点效应是心理学所公认的人类的一种普遍心理，即高估外界对自我的关注度，将自身视为一切的中心。因此，当主体感觉受到他者注视时，则会尝试去左右外界对自我的印象。同时，人还是一种社会性的动物，会主动去关注他人的行为，以及他人对自己的期望，并会随之对自我做出调整或改变。正因为如此，人们总是不停地从外界寻求用以自我确认的信息，并向周围的观众进行展演，尤其是对虚拟网络世界里幻想出来的观众。因而，从很大程度上来说，个体对他者的关注实际上则是一种对自己"想象中的受众"的关注。

在当今这个泛媒介化的社会，无处不在的媒介使得人们日常生活中的一切都得以在大众面前展现，现代人已习惯了从媒介这面"巨镜"中寻找各种自我理想化的镜像，继而借助想象的力量达成理想自我的建构。换言之，正是各种

---

① 福原泰平.拉康：镜像阶段[M].王小峰，李濯凡，译.石家庄：河北教育出版社，2002:108.

媒介创造和提供了现代人想象的生活。阿伯克龙比和朗赫斯特两位学者认为，"人们想象在他人面前表演，同时想象他人可能做出的回应。在这个真实而又梦幻的场景中，人们既是演员又是观众。人们通过媒介在消费自我想象的同时，也在消费着他者的想象。一个观展、自恋和表演的社会是离不开想象的力量的，人们必须借由想象来思考和选择自我外观或者个人品位的呈现方式，而这种外观或品位表达的则是个体想要成为什么样的人，以及希望他人如何去想象自己"。但是需要指出的是，人们并非随机或是任意选取用以建构自我想象的媒介内容，而是围绕其自身日常生活实践以及过往的经验，借由媒介来最终获取用于自我表演的想象性资源。

以新浪微博平台篮球迷的自我展现为例。新浪微博作为当前国人用于自我日常生活记录和文本呈现的主要公共平台之一，拥有着大量的用户群体。新浪微博自身所具备的公开性，使得任何一个平台用户都能在不需要经过对方同意或知情的情况下，自由关注某一博主的账号内容。这种开放性特质在满足了大量观众能随时在场观看的同时，还会对博主的个人发文行为产生一定的影响。最主要的体现就是，一些具备"篮球迷"身份的博主会有意识地精心构思一些文本与影像内容发布在他们的个人账号上，以此来吸引平台上的其他篮球迷关注自己的账号，实现自己在整个篮球迷群内的社会声望与资本的积累。因此，这些博主在选择和创作内容的过程中，就必然涉及对微博平台中可能存在的观众反应的预设，并且这种预设会随着观阅者的反馈而不断地被调整。此外，那些粉丝数量众多的微博篮球迷（俗称大 V），则与一般的篮球迷有所区别，他们往往在篮球迷群中有一定的地位和舆论导向能力。此类博主经常能够近距离接触到篮球明星，或是具有一定的特殊渠道以及特殊技能，因而，这些博主发布的内容往往更容易实现他们在篮球迷群中地位与资本的双重积累。例如，博主"NIKE十七叔"与国内CBA顶级强队广东宏远有一定的人脉关系，因而能获得一定配额的宏远比赛门票、球员签名款球衣、球队纪念款服饰等一系列可以引起宏远球迷极大关注的物品。该博主通过发文展示这些物品以及将其在微博平台进行销售，不仅成功虏获了一批篮球迷的关注，提升了自己在宏远球迷心目中的地位；同时，还能将平台上想象的宏远球迷转变成想象中可能的消费者，继而实现现实资本的积累。有篮球迷博主这样描述她运营微博账号的心路历程：

因为一直比较热爱篮球，毕业之后我就应聘到了国内一家体育传媒公司，从事篮球赛事的媒体运营工作，这也让我有了机会能近距离接触到一些自己喜欢的篮球明星。我的微博账号就是专门用来分享自己与篮球的一些日常，互粉的也基本上都是些篮球迷。一般篮球圈里有重大活动，比如一些知名球星的粉丝见面会、NBA球星中国行之类的，我都会第一时间在微博上发布一些相关的内容。在有我参加的场合，我也会晒一些与球星同框的现场图。这也让我收获了一批粉丝。为了运营自己的微博账号，我真的是下了很大的功夫。为了涨粉，我也会发一些能博人眼球的内容，比如举办有奖竞猜送明星签名周边、与粉丝不定期举办线上线下交流会之类的活动。粉丝多了后，也有广告商主动跟我联系，提供报酬让我发文宣传他们的一些产品。其实，我运营这个账号，本身只是因为单纯地喜爱篮球，同时还能认识一些志同道合的朋友。印象中，最让我开心的就是有一次参加林书豪在北京的见面会，被几个从长沙飞过来的篮球迷认了出来，说特别喜欢我更新的微博内容，还与我合影留念，我当时心里真是乐开了花，这种被人认可的成就感让我觉得一切都是值得的。（F4，25岁，媒体工作者）

然而，在新浪微博平台上，这种具有天然优势或渠道，并且愿意将自己大部分精力投入创作或整合与篮球相关博文的篮球迷毕竟只是少数，绝大部分的普通篮球迷只是将微博当作记录生活以及抒发情感的"电子日记本"来使用，其微博粉丝也多为现实世界里的熟人，数量不多，并且账号的内容更新也是不定期。但是同样的，一旦这类普通篮球迷有机会见到自己的偶像，也会在第一时间立刻以视频、图片、文字等多种方式在平台发布内容。从本质上而言，这类普通球迷发布的与迷客体相关的微博，与那些拥有资源的球迷领袖在精心策划之下所撰写发布的博文一样，都是一种个体篮球迷为了获取迷群内他者的认可与关注所做的表演。区别只是拥有大量社会资本的"头部球迷"可以经常发布与偶像相关的博文内容，从而累积起他人长期持续的关注，继而获得一定的迷群话语权。而普通球迷只有在机缘巧合拿到一手资源时，才能通过发文短暂引起他人的关注，且关注度无法与前者相提并论，但他们同样能在短时间内获得一种地位上升或者想象中的众星追捧场景的满足感。无论是微博平台上的何种篮球迷，他们在微博上的内容呈现，都是在当今媒介化社会作为表演者的一种形式。他们渴望通过自我呈现获得他人的关注、羡慕以及称赞，而这种来自他者的认可与肯定，是在他们发微博前就已经提前想象过和预测过的。换言之，获取他者认同是个体篮球迷对自我认同进行强化的一种重要方式，来自其他篮球迷的认同能给迷自我带来巨大的表演动力，而这种动力则不断强化他们对自己作为篮球迷身份的认同感。正是基于这种对"想象中的观众有可能回应"的预想或者期盼，迷个体选择了多种方式来建构他们作为篮球迷的自我认同。

二、篮球迷想象中的偶像认同

在前文中我们已经论述过，偶像或明星对于篮球迷个体而言，不仅是一种理想化的自我投射的符号，同时也是篮球迷在情感上的一种寄托。因而，篮球迷会通过想象，认为偶像是与自己有着密切联系的对象，这种迷个体对于自身与偶像之间虚拟性关系的想象，则被看作是想象的一种特殊形式——幻想。一直以来，大众媒介向人们提供可用于想象性资源的最主要方式之一，就是建构起受众对于明星或者偶像的认同感。换言之，明星崇拜总是由受众个体在媒介所营造出的幻想的氛围中产生并不断得到强化的。斯蒂芬·海纳曼对"幻想"在迷文化中的性质与功能进行了归纳与描述，指出："'幻想'源自被压抑的欲望，人们借助幻想来表达其对于融合、完满、统一、自我的完整身份的渴望。幻想'缝合'了欲望与现实间的断裂，是人类所拥有的一种与困境相协商的方式。在感到脆弱时，幻想可以发挥出将自我的身份重新缝合到一起的功效。自大众媒介在'西方式'商品资本主义中兴起以来，幻想得以'被塑造'的主要方法之一便是利用明星或偶像形象。而这些形象常常与幻想者个人生活交织在一起，并成为一种被压抑的、寻求完满欲望的重要符号。"在海纳曼看来，幻想是人们处理生活境遇与选择的一种重要努力。从这个意义上讲，在体育迷文化中，当篮球迷个体在"自我本身的欲望"与"社会对自我的形塑"之间产生冲突，继而对自我身份产生质疑时，幻想则能为他们提供一种完整的自我身份的可能性，幻想也由此成为篮球迷个体规避"潜在的个体认同危机"的一个很好的避风港。

杰姬·斯泰西认为，迷个体之所以会钟爱某一明星，源自该明星能为其提供日常经验之外的权力幻想，而这种幻想实则是一种"认同性幻想"。在体育迷领域，篮球明星对于篮球迷而言最初则是他们重要的情感寄托，在这一阶段，作为观众的篮球迷会将自己的偶像神话，将其幻想为自我无法达到的理想性存在。此时，篮球迷与偶像之间的界限是相当稳固的，篮球迷与偶像之间是一种崇拜、爱慕的关系，并且明星处于这段关系的核心地位。而随着篮球迷对幻想性认同的逐渐加深，两者间的关系则会变得更具流动性，此时篮球迷会极度渴望跨越自我和偶像之间的界限,承担偶像的明星身份,与偶像融为一体。在体育迷文化领域,篮球迷对自我与偶像关系的认同幻想主要通过以下几种方式进行。

其一,篮球迷个体通过将自己幻想成为球队或者俱乐部的一分子,来建立起他们与自己偶像的虚拟亲密关系,将偶像球员视为是延伸的自我,代替自己在竞技场上拼搏,实现自己未能达到的某种欲望或者梦想。有篮球迷这样描述自己与偶像之间的关系:

> 我是一名刺蜜(马刺球迷简称),我觉得我可能跟别的球迷不太一样,他们很多都是崇拜喜爱某个球星,假如说这个球星转会了,这些人也就不会再喜欢这个球星之前待过的俱乐部了。而我不一样,我就是单纯喜欢马刺这个球队,喜欢他的低调、稳定、温暖,不管哪个球员来到这里,都能很好地发挥出自己的潜能。马刺就是这样一个让人着迷,让人想要加入进去的大家庭。虽然这辈子我是实现不了这个愿望了,但是有时候看着场上那些为马刺奋力拼搏的球员,感觉就像是代替我在征战一样。哈哈,有的时候跟朋友一起看球,我会跟他们说,看,哥们我就是场上那个稳定低调的"21号新秀"(马刺队传奇巨星邓肯)。(M16,36岁,中学教师)

其二,通过长时间的媒介使用以及文本互动,借由诸如模仿、复制偶像的外形、技术风格、行为举止等实践方式,幻想自我与偶像融为了一体。例如用户"健身小李"在虎扑社区发帖"兄弟们,我的投篮姿势像不像科比"[1];用户"没有感情的泰迪"发帖"我这大屁股像不像詹姆斯";用户"歪嘴儿战神詹姆斯"发帖"我这个上篮像欧文吗?一手拿烟一手反手上篮"[2]等。这样的帖子在各大网络篮球社区十分常见,内容也大多是球迷对偶像外在形象或个人特质的模仿或者复制。这种篮球迷对球星的模仿或者复制,不只是表达他们未被满足的欲望或者是一种愉悦的幻想,同时也是一种改变篮球迷自我风格的行为实践。有球迷这么形容道:

> 我和周围崇拜詹姆斯的朋友们总是学着copy老詹的穿搭、饮食习惯、庆祝

---

①虎扑社区.湿乎乎的话题.兄弟们,我的投篮姿势像不像科比[EB/OL].(2021-02-06)[2022-02-23].https://bbs.hupu.com/40962636.html.
②虎扑社区.步行街每日话题.我这个上篮像欧文么?一手拿烟一手反手上篮[EB/OL].(2019-04-21)[2022-02-23].https://bbs.hupu.com/26957918.html.

手势之类的。他每款签名鞋我几乎都买了，知道他最爱吃的食物是taco，我也就跟着朋友们一起去探店，将自己穿着老詹球鞋、球衣，然后一手拿着taco，一手模仿老詹经典庆祝手势的照片发到网上，然后再艾特（@）下老詹的官微，让他看看我是不是他在中国失散多年的孪生兄弟，哈哈。（M8，21岁，学生）

篮球迷的这些行为，给他们带来了一种与篮球明星建立了更紧密联系的生理与心理上的快感。

其三，幻想与篮球明星之间产生一种浪漫式的亲密关系，此类幻想多见于女性篮球迷。她们对篮球明星的迷恋中充满着浪漫的幻想，甚至将其看作自己的梦中情人。篮球明星从某种意义上讲，则成为女性篮球迷因男性竞斗而产生的对极品异性的想象。

总的来说，正是篮球迷自身对欲望、快感、愉悦的情感体验的渴望，直接导致了其幻想的产生，并将大众媒介和体育亚文化所共同塑造的篮球明星转化为自身欲望的客体。在当今媒介化的社会，消费主义和大众媒介合力将任何的影像都转化为个体投射自身欲望的景观，并试图借助这些景观来进一步刺激迷的幻想与欲望。而构建对明星"幻想中的认同"，这无疑是最有效的方式之一。对于篮球迷来说，围绕着篮球明星所构建起来的幻想性认同，则为篮球迷个体提供了一种心理上的安全感，同时也为作为幻想者的篮球迷提供了一种完整的统一自我的可能性。

第四节　篮球迷自我认同建构的终点：展演

在西方亚文化研究领域，迷被认为是在对迷客体投入大量甚至过量关注的同时，还会通过文化和消费实践等方式来进行特殊的自我呈现，即迷在作为一个媒介展演消费者的同时，迷自身也是一个展演者。在当今媒介化的社会，无所不在的"媒介景观"充斥着人们的日常，随处可见的摄像头和镜像屏幕使得现代人无时无刻不处于一种"看"与"被看"的环境之中，台湾学者张玉佩用"观展"一词形容这种"作为主体的观看"以及"作为被展示观看的客体"，认为在观展的社会中，世界成为一种表演/展示，人类万物都是为了被凝视而表演[1]，围绕着被观看或被凝视为目的所进行的展演，则成为当今这个媒介化

---

[1]张玉佩.从媒介影像关照自己：观展/表演典范之初探[J].新闻学研究，2005（82）：48.

社会状态下个体最为重要的自我呈现方式。

伴随着互联网与大众媒介的融合,数字化生存时代下人们的互动方式较之以往有了很大的转变。人们普遍通过文本书写和影像展示,在网络空间的各种平台上表达自我、呈现自我,并希望以此来获取地位以及他者的认可。获取关注则是现代人进行网络文本表达的主要动机之一,当代个体基于对"想象中观众可能的回应"的想象,通过在网络虚拟世界中形塑一个理想化自我,以此尝试获取他者的关注和认可,从而实现自我认同的强化。互联网为当代个体提供了一个全新的和更为广阔的展演舞台,而这同时也改变了迷文化的运行方式以及迷个体的行为方式。借助网络文本进行的书写、解读以及互动,则成为当今社会及个体建构自我认同的重要途径。

阿伯克龙比和朗赫斯特两位学者将"展演"视为个体建构自我认同的最后一环。在前文中,著者已对相关论点进行了阐述:在观展/表演范式下,篮球迷个体基于自恋的自我投射与想象,建构起对明星偶像的认同,并幻想与偶像建立了亲密的联系,继而通过借助大众媒介进行展演,来最终确立作为篮球迷的认同。在此基础上,著者将在本部分重点探索篮球迷是如何在网络空间进行自我形塑?篮球迷自我呈现的方式有哪些?以及篮球迷是如何围绕自恋、想象、展演来共同完成他们作为迷的自我认同的建构?

一、网络空间篮球迷虚拟身份的获得

在网络空间这个大舞台,篮球迷需要先创建自己的电子虚拟身份,继而才能在各大网络平台或社区进行自我表演的呈现,以及人际的交流与互动。但是需要特别指出的是,尽管在注册个人账号时,各平台会要求用户填写个人信息,但用户最终填写的相关信息可能与真实情况一致,但也有可能与现实数据背道而驰,而这种身份获取的能动性、自主性、开放性恰恰也是现代人热衷于建立网络虚拟身份的主要原因之一。在网络社区,个体篮球迷主要通过以下方式获取虚拟身份。

首先,创建个人ID账号是篮球迷虚拟身份建立的第一步,主要包括头像、社区昵称、性别、出生年月等个人基本信息的选择。其中,头像与昵称所呈现出的虚拟形象特质,是个体篮球迷虚拟身份的第一重呈现。以腾讯体育社区中的篮球迷为例,有不少篮球迷会将他们所崇拜的球星或者球队照片作为自己的头像,昵称中也会镶嵌一些球员或者球队的相关信息。如该社区内名为"勒布朗·詹姆斯"的用户直接使用NBA球星詹姆斯的全名和照片作为自己的昵称和头像；名为"昂首是詹"的用户则是将詹姆斯的名字暗含于自己的昵称之中，但是头像依然选择的是詹姆斯的照片，这种例子在各大网络篮球迷社区较为普遍。但是，也有一大部分篮球迷则是使用与迷客体毫无关联的昵称和头像，例如使用一些漫画人物、动物、风景图、搞笑图片等作为头像，所选择的昵称也是随心所欲，毫无规律可言。有学者将这一现象称之为迷的"泛认同"——"分散于多个迷群社区中的某迷个体选择性地参与并认可多类迷文化的实践，以此来满足自身多种心理需求，获取不同的情感体验"。而上述的这种篮球迷的泛认同则是当今新媒介环境下，体育亚文化主体认同的不稳定性、碎片化以及流变性特征的一种典型呈现。与此同时，这种泛认同也使得篮球迷群内部得以进一步分化。以百度贴吧中的篮球迷为例，那些使用与篮球相关的媒介文本或影像作为自己昵称或头像来源的篮球迷，对自己作为篮球迷身份的认同感普遍相对较高。如百度贴吧"NBA吧"中名为"单纯爱科比"的有12年吧龄的核心活跃吧主，使用身穿科比24号球衣的卡通人物作为头像，其主页中所关注的贴吧均与篮球，尤其是与NBA球星科比有关，如洛杉矶湖人吧、kobeliever吧等。而同样，在该吧中名为"李时珍"的吧龄10年的用户，尽管其在NBA吧中等级排名靠前，但是却没有使用任何与篮球相关的文本或影像作为自己的昵称和头像，她关注的贴吧除了NBA吧之外，还有娱乐圈吧、中国好声音吧、奔跑吧兄弟吧、姚贝娜吧等。这种分化不只是存在于腾讯体育社区、百度贴吧、虎扑社区等网络平台，在新浪微博平台也同样存在。有篮球迷会将个人微博打造成迷客体的专属空间，所发布的微博内容也均与迷客体相关，如"林书豪御用造型师""于库里""郭艾伦吧""卫平布莱恩特-"等微博账号。这类博主往往在篮球迷群中有着较高的知名度，发帖频繁且拥有一手的信息资源，具备一定的影响力。与此同时，该类博主通常还会冠以自身"真爱粉""铁粉"的名号，并以此为荣。不过这种类型的深度篮球迷在整个篮球迷群中占比很小，微博平台上大多数的篮球迷虽然也会转发、评论、发布与篮球相关的微博内容，但这些也仅仅是他们微博呈现的一部分。对于绝大部分的网络篮球迷来说，他们在各种各样的迷文化中穿梭，没有完全将自己绑定在某一个特定的球迷群体中，比如很多球迷不只是迷恋某一个球星或者某一项运动。在大多数篮球迷心里，既存在着对某一群落认同的归属感，同时还有着探索多元化身份的自由。

其次，在个人账号建立之后，通过参与线上活动所产生的群体资本的积累则是篮球迷虚拟身份的另一个重要组成部分，主要体现在篮球迷个体在网络社区中的"等级"以及"好友"两个面向。在篮球迷个体的社区等级方面，以百度贴吧为例，提升等级的方法主要为签到和积分。其中，连续签到越多，经验值也越高。而积分的获得，主要与篮球迷个体在贴吧中发主题帖、回复、发起投票、投票等四种行为有关。因此，在贴吧中活跃度高的、发布内容优质的篮球迷其等级相应就越高，而等级越高相应拥有的特权以及在社区内的地位也就越高；在好友方面，以新浪微博为例，篮球迷的微博好友是指在微博平台上"互相关注的"两个博主。这种好友关系一般仅存在于虚拟空间，极少会延伸到真实世界中，但这种虚拟的社交关系对篮球迷个体网络虚拟身份的建立却是十分重要的。微博平台上的篮球迷社交关系主要分为"关注"和"粉丝"两个组成部分，"关注"指的是某篮球迷博主主动在微博上关注的其他用户，"粉丝"则指的是主动关注该篮球迷博主的其他用户。基本上，为了凸显自己作为篮球迷的身份，篮球迷个体普遍会去选择关注迷客体的官方微博或者大V用户，例如科比的球迷一般都会关注科比的官方微博，姚明的粉丝一般也都会关注姚明的官微。因此，无论是普通篮球迷博主，还是那种处于代表地位的"大咖"篮球迷博主，他们所关注的微博用户在数量上相差不是很大，但是他们的粉丝数量则是相差甚远。例如前面提到的"林书豪御用造型师""于库里""郭艾伦吧""卫平布莱恩特 -"等在各自的篮球迷群中影响力较大的博主，其粉丝数量都是以"十万""百万"为单位，与一般的篮球迷粉丝数以"十"或"百"为单位，差距是相当明显的。相应的，这些大咖博主在自身篮球迷身份的认同感与体验感上，与普通篮球迷相比也必然有着显著的差别。

基于以上两个部分，篮球迷个体围绕自身对迷客体的不同的认同程度，定义与获得了自己在网络空间内相应的虚拟身份，而这种虚拟身份的建立，是与他们在网络社区中的自我呈现以及人际的互动紧密相关的。获得虚拟身份的篮球迷个体，会根据自己在虚拟社区的展演以及社群内的互动，来加深或者削弱自己作为篮球迷身份的认同。

二、篮球迷网络社区的自我声明

在获得虚拟身份之后，有相当一部分的篮球迷还会通过在网络社区发布类似于自我声明的帖子，来再一次强调、重申自己作为"某迷"的这一身份。这类声明主要包括以下三种形式。

（一）新人报到声明

如果说社区昵称、账号头像以及个人基本信息的呈现，是篮球迷个体对迷群的主动选择与进入，那么，他们在入群之后所展开的一系列社群互动，并以此来得到迷群内其他迷个体的认同，则是该篮球迷被迷群真正接纳吸收的必经之路。作为一个初入群的篮球迷，通过发表新人声明描述自己成为迷的心路历程，同时表明自己的某迷身份，无疑是快速产生话题、引起其他迷个体产生共鸣的最行之有效的方法之一。用户"铁血我凯"在虎扑社区发布的"新人球迷前来报到"的帖子，就是该类新人自我声明的典型例子。在该声明帖中，发布者写道：

> 从18－19赛季开始关注凯尔特人
> 直到这赛季看着这支因为某人的出走
> 而变得活力无限的球队
> 慢慢地就喜欢上了 ♡
> ……
> 十分喜欢那种铁血防守的风格！
> 本人也是獭兔和狼王球迷 ♡
> 期待獭兔进一步成长
> 我凯剑指18冠！！！[①]

内容发布之后，群内的其他篮球迷则回帖表达了简单的认可与欢迎：

> 长春的东瀛后裔耀琦：经鉴定，一个有品位的球迷。
> HHY凯：欢迎欢迎！
> 阎魔爱：来了，我也是新凯尔特人球迷。
> 匿名用户：只要你喜欢獭兔我们就是朋友，獭兔加油！（ˆ▽ˆ）

这种类型的主题帖在各种篮球迷贴吧或者社区中俯拾皆是，如用户"何灵龍logo"在百度贴吧发帖"我是库里新粉"、用户"LN翘楚"在虎扑社区发帖"大家好，077新粉来了！！多多关照哦！"等。在著者看来，这种围绕篮球迷

---

① 虎扑社区，凯尔特人专区.新人球迷前来报到[EB/OL].(2020-03-03)[2022-03-15].
https://bbs.hupu.com/32758675.html.

身份的新人声明，本质上是发帖的迷个体基于自我想象中的迷群期待，所做出的一种自我展演，寄希望于借助此声明来吸引其他篮球迷的注意，引发他者某种情感上的共鸣，继而获得迷群成员的认可，并顺利地融入其中。需要指出的是，在大多数情况下，这类信任声明都包含了发布者对某一种客体强烈的情感。无论最终是否能获得其他迷群成员的认可与赞同，对这些个人声明的创作者来说，在他们"自我认同性文本"的书写过程中，都获得了一种主观上的对自我情感与迷群身份的肯定与强化。

（二）资深篮球迷情感分享声明

在网络社区中不仅有新入群篮球迷个体的新人自我声明，同时还有大量的资深篮球迷的情感分享声明。这些资深迷通常在社区内时间较久，互动也更为积极，有一定的声望。他们会不定期发表一些追星的心路历程或是偶像崇拜过程中的认同体验，以此来引起迷群内其他迷个体的注意，宣示自己资深篮球迷的地位，进一步重申和强化自己作为篮球迷的身份认同。如用户"洛城大铁炮"在其发布的"一个13年的保罗球迷，更是一个篮球迷的心声"的帖子中写道：

> 和很多保罗球迷一样，2008年，五年级的我在奥运会到来之前开始接触篮球，在电视机上看到了这个"万花丛中过，片叶不沾身"的小个子，黝黑的皮肤，瘦弱的身体，但风格灵动，他的比赛是如此美妙，从那时开始，我就成为他的球迷……看到保罗的职业生涯，你会不由得感慨，甚至可以上升到一种悟出很多人生道理的地步……无论你是炮黑还是炮蜜，也无论你对保罗的所作所为和说过的话认同多少，他有一句话是没有错的，这句话送给我，送给你，送给每一个在生活里摸爬滚打的少年、青年、中年人——Can't give up now.①

这类资深球迷的情感分享帖更容易引起其他篮球迷的赞同与共鸣，有球迷这样回帖：

> 763艾弗森：cp3不是黄河，cp3是西湖，既然你爱上了那份波光粼粼，就不要再去要求他波涛汹涌了。

---

① 腾讯社区，湖人.【深度】为什么勒布朗是我心目中的G.O.A.T？[EB/OL].(2021-09-24)[2022-03-20].https://fans.sports.qq.com/post.htm?id=1711783650017673446&mid=71#1_allWithElite.

那依旧灿烂的笑容：当保罗的球迷也得有一个大心脏。

太阳保罗哥哥：人生依然继续，36岁老炮依然追随冠军梦。我们依然
为了生活而奋斗，不放弃才是人生。

小方大同：太阳从头再来吧，难道向上攀爬的那条路不是比站在顶峰
更能让人热血沸腾吗？

这种类型的主题帖在各大社区平台也是比比皆是，然而对于篮球迷来说，
由于篮球赛事的竞技性特征，篮球迷不仅会发表这类吐露心声的情感分享，同
时还会发表一些理性的数据分析作为自我呈现的另一种方式。例如，用户"勒
布朗·詹姆斯"在腾讯体育社区发布的"【深度】为什么勒布朗是我心目中的
G.O.A.T？"中写道：

写在前面：以下这些东西，不是感性多于理性而苍白无力的"小作文"，
而是由几大理由支撑着、翔实的理性分析。如果是球龄很长的詹蜜，希望
可以引发共鸣；如果是关注老汉时间不长的詹蜜，希望可以让你对他了解
得更加充分；如果是不喜欢他的人，我清楚自己无法改变你们的立场，故
君姑妄听之，姑妄信之，若不赞同，一笑了之……如果能帮助那些关注勒
布朗时间不甚长的球迷更深入地了解他，我自然感激不尽。还是开头那句话，
诸君姑妄听之，姑妄信之，若不赞同，一笑了之。

这种类型的帖子更是极易引发其他篮球迷的讨论、认可与共鸣：

擎天柱：很不错的文章！真正的历史第一人必须场内场外都是领袖！
彼岸：全面总结，有理有据，詹蜜自然接受，但黑子们总会不舒服的。

无论是篮球迷感性的情感分享帖或是夹杂着感性的数据分析贴，这类资深
迷个体的分享声明，本质上同样是发帖的篮球迷基于自我想象中的迷群期待所
做出的一种自我的展演方式。与其他帖子的区别在于，这种更能凸显认同性的
自我书写，不仅可以使篮球迷获得一种强烈的自我肯定，以及一种身为资深篮
球迷的自豪感；同时，还能使自身获得迷群体内部其他迷成员的普遍赞同与认
可，进而提升自己在迷群中的地位与威望，这反过来又加深了他们对自身篮球

迷身份的认同感。

（三）告别声明

在网络社区中还存有另外一种篮球迷个体的自我声明形式，即告别声明，该类声明多发表于某一特殊事件的出现之时。2020年1月27日，篮球巨星科比·布莱恩特意外坠机身亡，消息一经发布便在篮球迷群中引发了轩然大波，各大社区平台陆续出现了大量的告别贴，篮球迷尤其是"科密"们难以平复自己的悲伤情绪，偶像的突然离世则动摇了他们作为篮球迷的自我认同，如用户"老大哥森下下下下士很有精神"在虎扑社区发表的告别贴"你走了，我不再喜欢篮球"中写道：

鼠年的第三天，起来第一件事打开手机，女神告诉我——科比死了

……

脑子里一片空白，然后退出了和所有篮球有关的QQ群……突然觉得自己和篮球这项运动联系的那根线断了。

可能我有点矫情，但是我选择避免看篮球、摸篮球，纪念逝去的你……

我会取消所有关注的篮球版块。

愿天堂的你安好——科比·比恩·布莱恩特

正是篮球迷对自己偶像的认同与追随，让他们无法接受自己偶像离世的事实。对这些篮球迷来说，离开球迷群、放弃迷客体，反而是对他们自身篮球迷身份认同的一种坚守。在此意义上，告别自我声明与新人自我声明一样，都是篮球迷个体对自我认同理念的重申与强化，是对自己作为篮球迷身份的一种宣示。在著者看来，篮球迷的这三种自我声明，皆是篮球迷个体在网络虚拟空间所进行的一种展演，是篮球迷个体对于自我与所认可的迷客体之间"幻想性认同关系"的公开呈现与凝聚，这对当代篮球迷自我认同的重塑与建构有着极为重要的心理意义。

三、篮球迷对媒介文本的解读与再生产

在西方迷文化研究领域，迷个体对于媒介文本的解读与重构一直以来都是学者们重点关注的内容。主动受众论认为，大众从来都不是为媒介文本所宰制的被动接受者，而是按照自己的理解对媒介文本进行解读，并从中建构意义、获取愉悦。在观展/表演范式中，迷群行为被视为不仅能主动诠释媒介文本，

同时还能利用媒介文本进行创造性的自我展演。从某种意义上讲，正是通过对文化符号的解读与再生产，迷才创造出了能在迷群中传播与流通的，可以用来界定该迷群身份的某种特定文化形式。

（一）网络空间篮球迷的文本解读

自我表达是人际社会互动的基础，无论是在现实世界还是在虚拟的网络空间，人们均借由情感的抒发与观点的表达，试图从他人处产生共鸣以及得到回应，继而调整"客我"以形塑"主我"，最终实现二者的和谐与统一。但需要特别指出的是，与现实世界的社会交往不同，网络社区中个体进行自我表达的目的并非以此来与他者建立起长久稳定的互动，而仅仅是自我展现或者发表观点与评论①。同样的，在网络空间中篮球迷对媒介文本的解读则是其在虚拟社区中自我表达与呈现的基础，且篮球迷的这种文本解读是带有展演性的。篮球迷对媒介文本的多视角解读与阐释，不仅是对元文本的重塑，同时还可以激发体育亚文化的生产以及迷群内的社会互动行为，从而使篮球迷个体自身获得满足的意义与快感。著者通过观察发现，在网络社区平台，篮球迷对媒介文本的解读与阐释，多是对竞技体育文化背后意义解读的一种自我表达。而这种包含着篮球迷长期、持续、重复的观看体验，以及凝结了其自我情感体验的文本解读，则是篮球迷认同建构的重要组成部分。

篮球作为一项竞技体育运动，竞技对抗魅力的呈现是其发展与传播的核心。随着物质生活的不断富足，对精神世界的探索逐渐成为现代人生活的主要目标，体育文化消费也日益成为当代主体日常生活的重要内容。篮球作为当今最受欢迎的体育运动之一，不仅能为人们提供参与运动的快感，同时也能为人们提供赛事观赏的愉悦。对于大多数篮球迷来说，大众媒介体育文本中的"竞技性"与"对抗性"是构成他们情感体验的主要来源。在篮球迷对于迷客体钟爱之情的表述中，"热血""激情""活力四射""斗志""对抗"等词汇成为最喜闻乐见的描述，如"墨香红尘醉锦风"在"血染赛场，毫无畏惧！这才是篮球场上热血男儿该有的本色"中写道："篮球场上难免磕磕碰碰，有时候一不小心受伤也是始料未及，但纵然血染赛场，依然毫无畏惧，这才是热血男儿在场上该有的本色……每个热爱篮球的少年，身上多多少少都会有些伤，这些伤就是我们奋斗拼搏的最好印记"①，并在帖子中用图片的形式重现了发帖人所

---

① 赵联飞.现代性与虚拟社区[M].北京：北京科学文献出版社，2012:79.

认为的"篮球是热血的"。而在对篮球迷进行访谈时,对"喜欢篮球的原因"这一问题的探讨,"激情四射的激烈对抗""教会了我什么是团结""教会了我永不放弃的精神"等语言的描述则是最常听到的回答。有篮球迷这样回忆自己对篮球如痴如醉的过程:

> 第一次看篮球比赛记得是在2001年的夏天,那天我是被好闺密硬拉着去了一个球迷吧,让我陪她看湖人与76人总决赛的第一场。真的,虽然过去了这么久,直到现在回想起来还是记忆犹新。那个时候的我吧,除了偶尔关注下港台歌手、演员之类的,平时很少去刻意追星,所以也就没关注过什么篮球明星。不过我闺密是艾弗森的死忠粉,平日里也总是听她讲起一些跟篮球、跟艾弗森有关的事情。那天也不例外,从刚坐在屏幕前,她就开始各种给我普及这两个球队的相关知识,我也就怀着好奇心陪她一起看了起来。看着看着,我就被场上这个一米八十多的小个子给完全征服了。我从来没想过看个篮球比赛能让自己这么激动,这么热血沸腾,跟着一群大男人尖叫、鼓掌。不仅是比赛的过程跌宕起伏,让人时刻保持紧张,球员们身上那种不认输不放弃的精神也让我为之着迷。尤其是艾弗森在场上所散发出来的那种独有的男性魅力,一下子就击中了我的内心,感觉这样的男人真是太帅了。也就是从那一天起,我爱上了艾弗森,爱上了篮球。只要有他的比赛,我就准时守在电视机前。看比赛、追球星、参加球迷聚会成了我最主要的日常娱乐方式。(F9,35岁,家庭主妇)

此外,篮球迷普遍热衷于对迷客体的竞技体育精神做出自我解读。如用户"永不磨灭的曼巴精神"在帖子中写道:

> 那些你早起的时光,那些你努力工作的时光,那些你熬夜的时光,努力学习的时光,那些你感觉自己没有在努力工作、感觉太疲惫的时光,那些你不想再逼迫自己,但仍还是选择继续那样做的时光,那就是追求梦想的意义。什么是曼巴精神?每个人都有自己的答案……热情,执着,严厉,回击和无惧,这五个关键词就是曼巴精神的内涵……科比虽远去,但曼巴

---

①虎扑社区,湿乎乎的话题.你走了,我不再喜欢篮球[EB/OL].(2020-1-27)[2022-03-23]. https://bbs.hupu.com/31988540.html.

精神却永存。[①]

用户"愤怒的猴子1215"同样在帖子中做了类似的表达:

> "曼巴精神"是什么?相信每个人心中都有自己的解读。今天猴子就来分享一下自己对曼巴精神的理解。曾经不少人问我,究竟什么是曼巴精神?我认为它代表的是一种信念:它可以让你走出绝境,让不可能变成可能。是虽千万人吾往矣的气魄,是无惧刀山火海迎难而上的决然,更是我命由我不由天的心境……曼巴精神告诉你,理性,是在你决定开始前需要做的,当决定了开始,想好了自己为了那个终点需要怎么做之后,一往无前就是了。[②]

对于大部分的篮球迷来说,从迷客体身上感受到竞技体育赛事的魅力,继而获得一种自我满足的快感,是他们对篮球运动着迷的最主要的原因。而篮球迷通过对迷客体文本的解读以获得自我的情感满足,则正是他们如此热衷于讨论球星的每一个技术动作、球队的每一个战术配合、不同球员或球队的精神特质等相关内容的重要原因之一。换言之,正是围绕着对这些体育文本的解读,篮球迷才得以不断加深与迷客体之间的联系。而伴随着这种联系的日益紧密,篮球迷则完成了从普通受众到迷身份的转变。

(二)网络空间篮球迷的文本再生产

迷不但会综合利用各种媒介渠道,主动去选择文本,解读并阐释文本的意义,拓展元文本的内容,而且还具有生产、创造新文本的能力。著者通过梳理发现,网络空间篮球迷对元文本的再生产主要表现在以下几个方面。

1. 撰写球评

在网络社区撰写球评是篮球迷最常见的一种文本创作方式。例如,用户"莲花体育"在腾讯体育社区发帖写道:

> 有媒体报道,湖人有意让火箭弃将麦克勒莫,后者在近日被火箭队裁掉。

---

①虎扑社区,篮球场.科比:永不磨灭的曼巴精神[EB/OL].(2020-02-13)[2022-03-30].
https://bbs.hupu.com/32340306.html.
②虎扑社区,湖人专区.【猴子说球】111曼巴精神[EB/OL].(2022-01-27)[2022-03-30].
https://bbs.hupu.com/48760471.html.

麦克勒莫本赛季代表火箭出场32场比赛，其中 4场比赛首发，场均16.8分钟得到7.4分，2.1篮板，0.9助攻，投篮命中率为36%，三分命中率为33%，罚球命中率为72%。从数据来看，他的得分效率还是很高的。目前湖人的问题是防守都还好，就是进攻缺乏火力。施罗德虽然可以输出，但是不够稳定，马修斯又受伤了。湖人有必要考虑一下，不过如果詹眉等人回归，球队更缺的是一个3D球员。大家觉得现在的湖人是否需要补充后卫线呢？[①]

用户"留空Kevin"在虎扑社区对自己崇拜的洛杉矶湖人队的一场比赛的输球原因进行了详细的分析述评：

> 今天这场球，只看湖人和猛龙的数据对比……都是湖人占优……为什么最后却是湖人输球了呢？差距在这里：快攻8比32，湖人输了24分。不妨先来看看猛龙追分势头正盛的时候发生了什么。猛龙第一次追分发生在……第二次追分发生在……今天这场失利也算是给湖人敲响了警钟：以后面对像猛龙这样能迅速打反击的队伍，湖人需要在防快攻上把上边三点做好，不然很可能还会是今天这种被动挨打的局面。[②]

这样的球评帖在各大网络体育社区平台中十分常见，并且这种致力于为大家进行观赛普及的帖子也深受篮球迷的喜爱。它不仅有利于帮助缺乏专业体育知识的篮球迷更好地理解比赛、理解迷客体，同时，还能引发网络社区中广大篮球迷进一步的热烈回复与讨论，因而，此类帖子常常会被社区或贴吧标注为专业的、知识含金量高的精品帖。相应的，发帖人也会因此获得在篮球迷群中的地位与声望。通过球评这种文本生产的方式，他们进一步强化了自身作为篮球迷的认同。

2.创造图像

受当今社会媒介参与式文化环境的影响，一些篮球迷开始尝试通过自己的双手来复制或创造与迷客体相关的影像，并将这一展演方式视为自我情感的一种载体。著者通过观察与访谈发现，在篮球迷群体中不乏一些迷个体具备一定

①腾讯体育社区，热议NBA.湖人现在是否应该补充后卫线？[EB/OL].(2021-04-06)[2022-03-30].https://fans.sports.qq.com/post.htm?id=1696280074931885273&mid=69#1_allWithElite.
②虎扑社区，湖人专区.七连胜被终结，湖人这场球输在哪里？[EB/OL].(2019-11-11)[2022-03-30].https://bbs.hupu.com/30533827.html.

的绘画技能，他们会通过手绘的方式来围绕某一迷客体发布一些原创漫画，以此来获得他人的关注以及篮球迷群内的社会资本。如图4.5所示，用户"画渣曹老师"是一位在虎扑社区以发布中国篮球系列原创漫画为主的篮球迷，他在CBA联赛深圳绝杀新疆的比赛中，以球员沈梓捷为原型，创作了漫画"经典赛事《沈梓捷0.2秒空接绝杀新疆》"；并在中国男篮世界杯赛失利之后，根据当时比赛的情况原创了漫画"假如一年前中国队在男篮世界杯上能发生奇迹"。

图4.5 篮球迷的原创同人漫画图

除了通过漫画对元赛事进行还原或者再创新之外，还有一些球迷会将自己崇拜的球星或球队制作成卡通图像（图4.6），用来作为自己社交平台的头像标识或者手机屏保等；同时，也会在网络平台上提供给其他球迷下载使用。

图4.6 篮球迷的原创球星卡通图

除了手绘图像外，利用电脑技能对特定图像进行置换或编辑，赋予其新的内涵，则是现代篮球迷创造图像的另一种形式。如图4.7所示，在网络社区平台和新浪微博上有很多篮球迷利用电脑图像处理技术，编制了"篮球版复仇者联盟"。《复仇者联盟》是时下风靡全球的漫威科幻动作电影，篮球迷通过选取部分电影剧情，将其中主角的脸置换成自己喜欢的篮球明星，通过这种对媒介图像的重新编辑和拼贴，篮球迷创造了属于自己的专属新文本。此类内容一经发布，便受到了篮球迷的热烈追捧。基于自身的绘画与电脑技能，在网络社区中越来越多的篮球迷个体通过对所喜欢的迷客体进行图片、影像的复制、编辑与拼贴，成功将其挪用以及嵌入到自己的日常生活之中。借助对图像的另类再创造，这些篮球迷个体不仅标榜了自己作为篮球迷的身份，而且将自身所拥有的这类技能置换为篮球迷群内部的文化资本，有的甚至还能将其转化为现实生活中的社会资本。

图 4.7 篮球迷创作的同人漫画图

3. 创作篮球同人小说

同人小说是当今迷文化中粉丝非常重要的一种文本创作形式，具体指的是粉丝利用原作品中的人物角色、故事情节或背景设定等元素所进行的、以网络小说为载体的二次创作小说。同人小说的创作最初起源于日本的动漫文化作品，近年来随着同人文化的不断发展，其创作素材也开始由动漫领域扩散至娱乐偶像、体育明星等相关领域。在篮球迷领域，也有着大量的与篮球相关的同人小说，内容覆盖面非常广泛，有校园篮球主题类的、NBA球星系列的，故事情节也是各具特色，有纯粹篮球竞技的，有关乎浪漫爱情的，甚至还有穿越玄幻的，比较知名的有《校园篮球风云》《光荣之路》《这就是中锋》《屹立》《王朝教父》等。

其中，《校园篮球风云》被誉为国内"篮球同人小说的开山鼻祖"。该小说讲述了一个具有篮球天赋的少年，在观看了一场篮球比赛之后爱上了篮球，然后不断磨炼自己，不断成长的故事。小说作者"大秦炳炳"是个狂热的科比迷，因而将自己的偶像融入了小说剧情当中。在微博平台上，有不少博主声称正是通过这本小说第一次知道了科比，继而迷恋上了篮球。

与篮球题材相关的小说在各大网络小说平台十分常见，虽然这种篮球同人小说有着很强的自娱自乐属性，但大部分作者本身也具备了一定的篮球素养。

这些小说作者总是基于自身对篮球文本的理解，以及自我的社会与文化背景来进行新文本的创造。从本质上来说，这种篮球迷创作的同人小说是基于迷个体的自恋情结，将自我的梦想与欲望转嫁至文本创作之中，通过这种文本创作的展演方式进行自我的表达与认同。

4.制作视频短片

随着传播技术的不断发展，篮球迷的创作类型也在不断丰富。在主流的网络体育社区平台，我们经常可以看到由篮球迷制作的各种各样的视频短片。其中，节选某一球星或某支球队的多个精彩比赛瞬间，将其制作成合集，再配上球迷自己喜欢的音乐是比较常见的创作形式。如"不凡123"在虎扑社区发布了自己制作的"詹姆斯17—18赛季季后赛超燃集锦！！！""李阿婆"发布了"自制'Stephen Curry超燃集锦'踩点＋高燃""修修夏"发布了"自制广东宏远夺冠纪念视频"等。同时，还有一些专门针对篮球技战术以及教练员临场指挥等内容所展开详细分析的篮球迷自制视频，如"纳不防"发布的"【自制视频分析】2017总决赛G3勇士关键防守解析"。此外，恶搞视频也是比较常见的创作形式，其主要是利用球员在场上场下的一些真实镜头，然后配上有趣的对话或者文字，做成一个恶搞的故事。如"篮球视频show"发布的"【篮球混剪社】骑勇归来！盘点克莱那些年带给我们的搞笑名场面和关键球"；"LeBronGimes"发布的"有看JOJO的JR吗？我自制了一个湖人恶搞视频"①等。

这种自制视频形式的篮球迷的展演呈现，需要创作者自身具备一定的篮球专业知识、视频制作技巧以及大量时间和精力的投入。这种凝结了篮球迷个体私人宝贵时间和情感投入的创作，本质上既是篮球迷一种凸显自我的表演形式，同时也是篮球迷个体与偶像、迷社群之间进行的一种社会性互动。大多数篮球迷个体在这一过程中，更多是追求精神上的愉悦与满足，而不是物质上的回报。但是尽管如此，这种制成品在转化为社群内文化资本与互动话题的同时，也在一定程度上不自觉地提高了创作者在迷群中的地位与话语权，加深了他们对自己篮球迷身份的自我认同。

5.手工制作、发售周边创意产品

相较于购买"官方"衍生产品的消费行为，现如今，越来越多的篮球迷选

---

① 虎扑社区，湿乎乎的话题.有看JOJO的JR吗？我自制了一个湖人恶搞视频[EB/OL].(2020-05-30)[2022-04-25].https://bbs.hupu.com/35702098.html.

择用自己的双手来制作与迷客体相关的创意物品,如球星台历、明星彩绘服饰、球星玩偶、球队钥匙扣等。这种手工制作的过程同样凝结了篮球迷的个人情感以及大量时间和精力成本,很好地体现了篮球迷的创意与才华。

"低配3D"在虎扑社区发布了自己手工制作的一组科比球鞋木雕,如图4.8所示。由于制作精美,还原度高,得到了社区内其他篮球迷的大量关注。

图 4.8 篮球迷制作的创意手工图

在微博平台上,也有大V篮球迷博主将其自制的如球星抱枕、球星卡等手工周边以互动抽奖的形式赠予其他篮球迷。这些手工产品本质上同样也是篮球迷展演的一种形式,并且这种产品很容易转化为社会资本,因而部分篮球迷会选择以此来牟利。但对于大多数的篮球迷而言,这种迷的展演形式只是为了追求自我精神上的满足和愉悦,而不是金钱上的回报。

四、篮球迷的符号消费

在观展、表演范式中,迷的消费行为被视为是迷个体一种重要的"表演形式"。在体育亚文化领域,篮球迷的这种消费式展演则是十分普遍的。大多数的篮球迷会选择通过购买偶像代言的各种商品、模仿和复制偶像的穿搭风格来标榜自己作为迷的身份。而迷之所以一直被人们认为是过度的消费者,主要是源自他们在迷客体身上投射了太多的个人感情,这种"高度的情感性"是迷消费与普通消费最为重要的区别,由此导致的结果便是情感的过度投入湮没了迷个体的消费理性,迷的消费目的不再是追求商品本身所具有的使用价值,而是追捧物化了的迷客体所带来的符号价值,并且会呈现出一种"馆藏式"的消费方式。其中,篮球迷个体以自己崇拜的球星为主题所进行的"搜集式的消费"就是该方式的典型体现。以球鞋消费为例,篮球迷几乎都会选择购买其偶像所代言的篮球鞋，有些重度篮球迷更是会想方设法搜集自己偶像代言过的所有篮球鞋，对他们来说，展示则是这类商品最主要的用途。

"SDbryant"在虎扑社区发帖写道：

> 今天收到了心心念念已久的 ZK7紫金鸳鸯，作为一双老鞋品相还是相当可以的！这也让我在收集唠嗑球鞋的路上又进了一小步……聊一聊自己和ZK系列的故事。第一双科比正代球鞋是ZK6广告黑黄配色，这是18岁的时候妈妈送我的生日礼物，现在还能记得当时有多激动，开心到飞起，第二天就穿到学校去了……最特别的一双科比球鞋是大二的时候在中关村欧美汇耐克店里自己ID的一双科8……工作后第一双科比的鞋子是科10圣诞节……另外两双就是复刻的科1和科4，都是第一时间在SNKRS原价买的……这些就是目前我所有的科比球鞋，虽然不多，但是希望以后能慢慢扩大 ZK军团。[①]

作者还在帖子中配上了自己拥有的这些偶像签名球鞋的图片，内容一经发布，很多同为科密的篮球迷便积极地进行了回帖，表达了对楼主这一行为的认同。还有部分球迷在回帖中也晒出了自己拥有的科比签名款球鞋，与楼主进行互动交流。

商家显然一早就意识到了这种粉丝经济所能带来的经济效益，因而针对迷的这种消费心理，厂家们则选择不断推出各种与明星相关的产品，并且还会依据目标人群实行精准定位，如针对中国区用户，会推出中国年特别款球星战靴、服饰、配件等，极大地刺激了国内篮球迷的消费热情。

在2018年9月NBA球星斯蒂芬·库里中国行之际，知名体育品牌Under Armour推出了库里中国行专属配色篮球鞋。该款球鞋主打球星与国家情怀，以中国区专属配色吸引国内库里迷们的强烈关注与情感认同，继而激发他们的购买欲：

> 必须买啊，你看，首先咱是中国人吧，爱国情怀咱还是要有的。作为库里迷，他之前出的球鞋我都买了，到了为中国行出的专属配色，我更是要第一时间就

---

①虎扑社区，运动装备.老鞋新入#ZK7紫金鸳鸯，科密们来聊聊和科比战靴的故事[EB/OL].
(2019-09-27)[2022-04-27].https://bbs.hupu.com/29581760.html.

上脚啊。不然怎么好意思说自己是库里的真爱粉。（M2，19岁，学生）

就本质而言，篮球迷的这类消费行为则是基于他们对理想自我的追求，以及围绕自我幻想中与偶像建立的情感联系所采取的通过购买明星同款或者相关衍生商品来实现自我的重塑、完成理想化自我建构的一种展演的方式。换言之，即篮球迷个体在此类消费中通过想象与幻想来获得自我完满的慰藉，从而确定自我的身份认同。

球迷的消费通常被视为是一种炫耀式的消费呈现，美国经济学家托斯丹·邦德·凡勃伦认为，在消费社会中主体是借由他者可见的消费行为与消费品来建构起自我的身份，消费者不仅仅是为了自己而消费，更是要消费给那些"我们日常生活的观众"来观看，正是借助这种肉眼可见的消费行为以及特殊商品的占有欲展示，消费者呈现并强化了特定的社会身份与地位①。基于这一观点，篮球迷个体的消费行为不仅是私人化的，同样还是公众化的。私人化是在于这种消费行为是篮球迷个体所发起的一种个人行为，而公众化则是在于这种消费行为往往会由篮球迷个体主动展现在公众面前。

有篮球迷这样描述这种消费行为的自我展示：

> 就像大家说的那样，女生穿衣打扮是为了让别人看的。那么我们篮球迷买球星签名鞋、同款服饰同样也是为了穿给别人看的。区别只是我们是穿给那些懂行的人看的。只有像我们一样的真球迷，才明白这些实战靴、比赛服对我们的意义。还有就是，我个人感觉，你能穿上球星同款，尤其是别人买不到的限量款鞋子，你是不是瞬间就很有成就感？要是再来个球星亲笔签名，是不是立马就能让懂行的那些人觉得你特牛，特崇拜你，特羡慕你？（M13，18岁，学生）

实际上，篮球迷的这种炫耀性质的消费行为，在很大程度上是迷个体的一种想象中的"自嗨性质的表演"，即篮球迷个体通过幻想其他迷群成员的崇拜、羡慕、赞赏以及认同，所进行的一种符号消费性质的个人展演。在这一过程中，篮球迷个体一方面会借由消费行为，将自己作为球迷的身份以更加直观的形式展演出来；而另一方面，篮球迷则会围绕想象中的观众反应，来采取相应的行

①罗钢，王中忱.消费文化读本[M].北京：中国社会科学出版社，2003:72.

动，适时对这种个人展演做出调整。正是在这种"迷经济"中，篮球迷个体与迷客体之间建立起了一种以商品消费为依托的幻想中的亲密关系，而与此同时，篮球迷个体也在想象中的观众（即其他的篮球迷成员）的"凝视中"，确立了他们作为篮球迷的自我认同。

五、现实空间篮球迷的认同实践

（一）NBA中国赛

一直以来，到现场观看各类比赛都是大众十分重要的文化娱乐活动，也是体育赛事最为本源的传播方式。虽然在互联网科技以及信息化技术高度发达的当今社会，借助各种各样的媒介手段实时观赛，对广大篮球迷来说已经是一种触手可及的日常实践行为，但是不可否认的是，亲临现场观看篮球赛事对于篮球迷来说仍然是最具吸引力的体验方式。大型体育赛事现场本身给观众所带来的超强感染力是毋庸置疑的，置身其间的人们通常会情不自禁地被一种天然的赛场氛围所感染。人们一起欢呼、一起雀跃、一起尖叫、一起哭泣，所有的情绪在此得以释放与沟通。同时，这种集体式欢腾也让篮球迷感受到了融入迷群所带来的强烈归属感与认同感。然而，对于中国篮球迷来说，由于当今最为顶尖的篮球联赛都在国外，因此，实现日常到现场观看世界最高水平的篮球赛事成为国内篮球迷的一种奢求。但是，中国篮球迷庞大的人口基数使得国外顶级联赛的主办方意识到了中国这一潜在的巨大市场，为了扩大其联赛的全球影响力，举办"中国赛"成为一种替代性的解决方案，这也给了国内篮球迷近距离接触迷客体的机会。

自2004年开始，NBA几乎每年都在中国举办"中国赛"活动，每场比赛的门票也都是瞬间售罄，更是出现了球迷高价向黄牛买票的现象，这也体现出了此类活动对中国篮球迷的巨大吸引力。NBA中国赛往往在北京、上海、广州、深圳等国内一线城市可容纳万人的大型体育场馆内举办，票价由350元到18888元不等（以2019年为例），如图4.9所示，价格则主要是根据座位与篮球场地的物理距离远近程度和观赛视角而定。

图 4.9 2019NBA中国赛上海站门票与座位分布图

篮球迷所能直观体验到的强烈参与感,是现场观赛与媒介观赛最大的不同之处。高质量的赛事体验不仅有精彩激烈的竞技对抗,同时,大量的球迷互动环节也是其重要的组成部分。比赛现场独有的仪式感和感染力为篮球迷缔造出了一种小众化的欢聚场域,人们在这里感受到了一种现代部落的热烈氛围。这种共享式的集体情感体验,使现场观赛的篮球迷个体瞬间集结成了一个情感群体,"我"由此转化成了"我们":每一个篮球迷都喊着整齐划一的加油口号,做出步调一致的助威行为,每一个人都怀揣着对迷客体的崇拜之情,尽情地一起狂欢,一起宣泄。在这硕大的体育馆中,人们现实的身份都被暂时性地抛诸脑后,在这里没有什么领导、平民、富豪、商贩、工人,作为篮球迷或篮球迷群中一分子的身份,成为人们眼下唯一的认同,并且在比赛结束离场之后,体验过这种超乎个人的一体感的篮球迷,对于迷客体和迷群的强烈认同并不会立即衰减或消失不见,反而会长留他们心中。有篮球迷这样形容自己的内心感受:

> 喜欢热火队快十年了吧,当从网上得知他们要来打中国赛的那一刻我内心就无法平静下来了。早早地便开始筹备买票事宜,也在我们的热火球迷群里跟其他粉丝约着见面,商量着该怎么去应援,都需要准备什么东西。比赛前一天,和几个约好的球迷朋友一起专程从上海飞到北京。说真的,当在球馆看到热火三巨头詹姆斯、韦德、波什出现在我眼前的那一刻,脑子里整个就是一片空白,只会下意识地跟着大家一起挥手,一起尖叫。等稍微缓过点儿神,才发现错过了最佳的拍照时机,把我真是气到不行。幸好随后拍到了几张觉得还不错的珍贵照片,也算是不枉此行吧。中场休息期间我就忍不住,迫不及待地把一些现场图片和视频发到微博、发到朋友圈。比赛结束时,突然觉得时间怎么会过得这么快,太让人意犹未尽了。回到

酒店后根本睡不着，不停地盯着自己拍的照片和视频，也看微博上其他球
迷发的现场图和视频，还兴奋向跟其他博主交流观赛感受，感觉看这一场
球够我嗨个一年了。（M14，34岁，民企高管）

这些在现场观赛的篮球迷，除了会在观众席上狂欢以及强化自己作为球迷
的身份认同之外，另一个普遍的行为就是通过社交媒介发布自己拍摄的现场图
片和视频来进行展演，且在这些现场照片和视频中，几乎都会有拍摄者入镜。
换言之，这些用于个人展演的图片和视频大部分可以视为是发布者的自拍。有
篮球迷这样解释自己在比赛现场的自拍行为：

都到现场亲眼看到自己的偶像了，自拍留念也是人之常情啊。而且你不
拍点自拍照，怎么证明你在现场，怎么让其他的球迷们羡慕，哈哈，你就说
是不是吧。而且，这一次这么近距离地见完，下一次再亲眼见到自己的偶像
都不知道猴年马月了。运气好的话拍到一些跟偶像的同框图或者视频，也算
是没白追星这么多年，还能发发微博朋友圈之类的让别人羡慕羡慕。（F8，
26岁，银行职员）

花了这么多钱，激动了这么长时间，长途跋涉地好不容易到了现场，不
多拍点自拍照怎么对得起自己。再说了，我要自拍证明我在现场啊，不然你
只发一些现场图到微博上，别人还以为你是盗的图呢。一场比赛下来，我几乎
都是手机不离手，一有机会就拍，各种角度拍，然后回去再慢慢挑，选出自己满意
的然后再P一下，发微博和朋友圈，然后就等着别人评论点赞。（F1，19岁，
学生）

在当今媒介化的社会，"自拍"早已成为人们在社交平台与网络社区最为
普遍和喜爱的个人表演形式，而这一行为背后的"自恋"性则是彰明较著。自
拍行为的魅力根源在于人们能在多个自我形象中选择出一个自己较为满意的图
像，并且还能借助图片处理技术修饰出一个理想化的自我形象。在林林总总的
镜头之下，每一个人都成为表演者。一方面，篮球迷通过在比赛现场自拍，然
后有选择地进行自我展演，永远将自己的最佳一面呈现给他者；另一方面，借
由现场观赛，篮球迷与迷客体之间建立起了幻想中的亲密联系。于是，此时此刻，

篮球迷个体的理想自我通过与迷客体的近距离接触，以及在网络社交平台的自我展演而实现了双重建构。这种借助网络社交平台对现场观赛以及参与比赛现场的自我的呈现，本质上都是篮球迷个体建构自我认同的一种展演形式。篮球迷个体乐于通过这种炫耀式的展演来获取想象中的他者的关注、认可与羡慕，而这些情感上的体验则最终反过来强化了他们作为篮球迷的自我认同。

（二）NBA球星中国行

球星中国行也是NBA为国内篮球迷量身定制的球迷与偶像间互动交流的主要活动形式之一，同时也是拉近球迷与偶像之间距离的最有效的方式。与举办中国赛相比，无论是基于成本控制、操作难易程度还是辐射面的广度，球星中国行活动显然都是最具性价比的选择。这主要是由于国内篮球迷群体大多是以粉球星为主，粉球队的比例相对较小。而且，球星中国行每年都会有多位顶级球员前来，活动覆盖城市也相对更多。此外，球星中国行对球迷群体的针对性和刺激性也更强，这一方面表现在，当长期存在于篮球迷个体自我幻想中的"与偶像建立的亲密联系"在实现的那一刻，个体作为迷的身份认同感会瞬间呈几何倍数增长。有篮球迷这样描述自己亲眼见到偶像的那一刻：

老科是我第一个也是唯一的NBA偶像，从第一次在电视机屏幕上看到他到现在已经过去快十五年了。以前总是跟朋友们开玩笑说，如果能让我亲眼见他一面，此生也就无憾了。说真的，我不止一次幻想过有一天能亲眼见到他，然后递上我心爱的科比战靴，请他给我签个名。没想到这个梦想竟然真的实现了。现在回想起来那一幕我都感觉像是在做梦一样，永远也忘不了2015年的那个夏天。当时我幸运地成为科比中国行的现场观众，更幸运的是竟然还跟他拍了合照。而且没想到的是这么大牌的巨星，竟然没有一点架子，非常耐心地与粉丝互动。那一刻，我真的觉得成为科密，是我这辈子做的最正确的选择，可以这么跟你说，这个身份会伴我一生。（M5，31岁，国企职员）

另一方面，由于参与球星中国行活动的篮球迷都是朝着同一个偶像目标前来，在共同的偶像面前，受到集体式狂欢氛围的感染，个体作为篮球迷的认同感会变得更加集中与强烈。并且，这种集体式的情感体验也更容易将"我"转化为"我们"。有球迷这样表达自己参与活动的体验：

活动现场基本上是詹蜜们展示自己库存的最佳舞台，放眼望去，来的人脚上穿的都是老詹的球鞋，真是各种款式应有尽有啊，我还见到了一哥们儿穿着我心心念念的詹10黑金配色，太羡慕了。感觉如果此时你穿着别的球星的战靴出现在这里，估计所有人都会投来鄙视的眼神。因为这是詹姆斯中国行，来的必然都是老詹的铁粉啊。我记得当老詹出来那一刻，感觉周围的人瞬间都像疯了似的，那可真是山呼海啸般的尖叫声啊。像我这种平时比较内向的人，也都跟着大喊大叫了起来，我想这就是集体的感染力吧。（M12，26岁，民企职员）

与在现场观赛一样，参加球星中国行的篮球迷在他们踏入活动现场的那一刻起，现实的身份也同样暂时性地被剥离了。此时此刻，他们都是该球星最忠实的粉丝。偶像迷或迷群中的一员，例如"科密"或"科比粉丝团成员"，则是他们当下唯一认同的身份。相比于现场观赛，球星中国行这类活动设置了更多的偶像与球迷的互动环节，也更能拉近球迷与球星之间的物理距离，必然也会更加受到篮球迷群体的欢迎。因而，球星所到之处，真是人山人海（图4.10）。

图4.10 NBA球星科比中国行现场图

与前文所提到的一样，在球星中国行活动上，现场参与的篮球迷也会通过微博、虎扑等社交平台大量发布活动现场的视频与照片来进行展演，自拍更是成了标配：

像中国赛那种活动最多一年才一次，来的还不一定是自己喜欢的球星，票价又贵，对我们这些学生党来说成本太高。像这种球星中国行的活动，我感觉更接地气吧。我是勇士球迷，汤神是我的偶像。我参加过两次佛祖（国内汤普森球迷对他的昵称）中国行活动，是参与安踏的活动获得的资格。

别的不说，老汤中国行是真卖力啊，时间长，态度又热情，和球迷互动的项目也很丰富。我就有幸被抽到互动资格，他手把手指导我投篮。那一刻，真是觉得作为老汤粉丝太值得了。两场活动下来，我手机里面存了几百张照片。挑了一些满意的发了朋友圈和微博，也让我收获了一大批赞和粉丝。（M3，17岁，学生）

这种直接的球星见面活动，使篮球迷更加坚定了自我与偶像之间在此前所建立起的幻想中的亲密关系。而参加活动的球迷通过在网络社交平台炫耀性的自我展演，同样也是为了获得想象中的他者的认可与关注，最终强化自己作为篮球迷的自我认同。

六、粉都：篮球迷的虚拟展演舞台

"粉都"源自英文单词"Fandom"，其含义主要有以下三个面向：其一，迷的集合体，即通常所说的"迷群"；其二，指代"Kingdom of fans"，意为迷的"国度"；其三，指迷沉浸于某一迷客体的状态或行为，即迷的崇拜之情的体现。在学术研究中，"粉都"不仅包括所有的迷以及他们的行为，同时还包含着由这些迷所形成的特定社会与文化群体建构及互动。"粉都"之所在，凸显的不单单是迷在消费过程中所发展出的群落感，同时还有社群的认同，以及群落背后的文化含义。

伴随着互联网科技与大众媒介的全方位融合，粉都的所在地已经不再局限于诸如体育赛事的场馆、球星见面会的场地等传统的真实迷群互动场所，还包括经由个体之间的阅读与协商所创造出来的、存在于个体幻想与社会互动之中的虚拟网络空间。而本研究所探讨的"粉都"，则主要是在虚拟的网络空间中进行自我表演与社会互动。网络的开放性使得来自不同国家、不同阶层、不同肤色、不同文化的陌生个体，都能够在同一个虚拟的时空里相识相遇。网络场域内数以万计的陌生个体同时在线，迫使每个人都不得不借由脑海中想象的他者形象，来进行自我的表达与塑造。事实上，这种可以形塑的自我背后，则是个体在面对他者时所进行的展演。而当今中国篮球迷展演最为主要的虚拟舞台，则是以虎扑、腾讯、百度为主的网络体育社区／论坛，以及新浪微博。

（一）网络虚拟体育社区/论坛

瑞格尔德（Rheingold）将虚拟社区（Virtual Community）定义为"一群可能见过面也可能素未谋面的，主要通过计算机网络来交换文字与思想进行彼此沟通和分享的人们所形成的团体"①。对于篮球迷来说，虚拟篮球社区可以看作是篮球迷为了围绕着一个大家共同的爱好、经历、感兴趣的话题或是需求而聚集在一起进行相互交流的线上空间。其中，腾讯体育社区、虎扑社区、百度贴吧等网络社区或论坛，则是当前国内篮球迷最为主要的线上聚集地。

网络虚拟社区的出现改变了人们传统的交流与互动方式，同样也重构了当代迷文化的空间形态。在虚拟的网络空间里，迷与迷之间以对某一迷客体或某一媒介文本共同的情感为纽带，以不同的具体崇拜对象为区分而聚集在一起，组成了类似部落的虚拟社区组织。组织的成员依托虚拟的网络场域，以信息的分享、情感的交流以及自我的呈现为主要目的，与他者建立联系，继而形成一种统一的虚拟部落情感。如同真实世界的部落一样，网络世界里的虚拟部落同样存在着明确的界限。散落于互联网海洋中的各个虚拟部落，以各自崇拜客体的不同而相互依存或相互对立。

网络虚拟社区的开放性、独立性以及自主性，为各种篮球迷之间进行交流与互动提供了一个极佳的空间环境，使得拥有相同兴趣与爱好的篮球迷个体可以快速聚集在一起，逐渐形成一个具有相当高凝聚力的社群部落。以虎扑社区为例，虎扑是以篮球论坛起家，创建之初是为了给喜欢篮球的广大球迷提供一个话题交流、自我展示以及结交志同道合的朋友的网络互动平台。发展至今，已覆盖篮球、足球、影视、电竞等多个领域。截至2020年5月，虎扑用户人数已经超过1亿，活跃用户数已达8000万。可以说，虎扑社区是当代体育迷文化，尤其是篮球迷文化最为重要的虚拟展演舞台之一。虎扑的 NBA专区和CBA专区也是国内篮球迷最重要的网络聚集地。在虎扑社区，任何人都可以通过注册账号的形式，有选择性地关注自己感兴趣的专区，从而成为该社群的一员。并且，只要遵守社区内的规则，每个成员就可以随时随地发帖以及回帖。内容可以是文字、图片，也可以是视频。篮球迷正是借助在虚拟社区内发帖、回帖、评论等方式来彰显自我、寻找存在感。这种篮球迷在网络社区所建立的虚拟身份，已成为当今篮球迷个体重要的自我组成部分。

---

①姜雪.虚拟社区信息分享行为的影响因素研究综述[J].图书馆学研究，2014(10)：18-24.

（二）新浪微博平台

　　虎扑社区、百度贴吧、腾讯体育社区等网络平台都有着相对严格的管理机制与运营规则，这在最大程度上保证了此类虚拟社区能朝着健康、规范的可持续方向发展，但却在一定程度上限制了社区成员的部分行为活动。而微博这一平台，恰恰能通过其信息互动的即时性和自我展演的自由性特点，与网络社区平台形成优势互补，主要体现在：首先，诸如百度贴吧、虎扑社区等网络社区平台相对群体化，个体文本的呈现则在一定程度上受到社群规则的限制。而在微博平台上，个人博主则拥有最大限度的话语权，因而其内容呈现的即时性、广泛性、多元性以及便捷性都要优于上述网络社区；其次，微博平台最大的优势在于兼具社会化公共展示以及私人化个人定制，其用户的个人展演与自我表达相对更加自由与随性。基于此，微博平台成为当今篮球迷群体线上活动的另外一个重要场域。在我国，微博通常指的就是"新浪微博"。新浪微博平台在推广之初就十分注重粉丝用户的体验，通过给予用户可以依据个人偏好将想要呈现的内容聚纳到个人主页之上的权利，使用户轻松实现了自我定制式的展演。经过不断优化完善，现如今，新浪微博已成为国内迷个体自我展演的首选舞台。

　　在此基础上，以虎扑社区、百度贴吧、腾讯体育为首的虚拟社区平台和新浪微博平台一起重塑了当今篮球迷展演的空间，同时也实现了篮球迷个体"迷认同"的意义再建构。换言之，以互联网为首的新媒介在帮助篮球迷个体实现社群化或部落化的同时，也为篮球迷的自我展演提供了更为广阔的舞台。就事实而言，无论是篮球迷的认同话语还是认同实践，归根到底都是篮球迷通过大众媒介进行自我展演与自我表达的重要方式。篮球迷的"文本创造与表达"和"内容传播与共享"的过程，本质上都是其自我的展演以及迷群的认同。篮球迷的一系列展演不能仅仅被看作是个人简单的表达实践，其背后则是蕴含着复杂的社会文化现象。正如陈彧所指出的那样，"迷创造力的重点是更多地情感体验、过程意义、社群作用等产生关联，而并非个体的杰出天赋或是有用的创造成果"。因此，在接下来的章节，本研究将基于群体视角对篮球迷的认同建构展开分析探索。

第五章
"篮球迷群成员"身份的群体认同建构

　　著者通过观察发现，无论是在现实世界抑或网络空间，绝大多数情况下篮球迷都是以群体的姿态来进行相关的实践活动。这主要是由于篮球迷个体对自我认同的建构不单单是源自"作为我"的主体认知，更多的则是借由"他者的认同"来对自我展开形塑与确认。阿伯克龙比和朗赫斯特两位学者将其称为是"想象中的受众"，在他们看来，个体总是不断地借由"想象他者对自己形象的认知"来对自我展开形塑，这种"他者"并不完全等同于现实存在的真实的某人，而是更多的存在于主体的想象与幻想之中。那么在此意义上，这种由"真实存在"和"想象"所共同构成的"他者"，以及由这些"他者"所构成的部落与社会，则成为当今媒介化社会中篮球迷个体自我认同建构的重要参照物。

　　在上一个章节中，著者已尝试基于"观展/表演"范式对当代篮球迷个体身份认同建构的过程展开了分析与讨论，认为：篮球迷将迷客体视为是一种"延伸的自我"，并通过这种对迷客体"自恋式的解读"，来建构起对自我篮球迷身份的"虚构统一感"。在这一过程中，篮球迷一方面通过"想象"来建构起自己与球星、球队等迷客体之间的幻想性亲密关系；另一方面，篮球迷则通过"想象他者的反应"来形塑一个符合大众期待的理想化自我，继而借助在媒介平台上所进行的"自我展演"来最终实现自我身份认同的建立。需要指出的是，这种建构是一个循环往复的动态过程，篮球迷所建构起来的自我认同始终是处于一种不断被重塑的动态过程之中。然而，无论是什么类型的迷，其认同的建构从来都不是孤立的，即便是迷的"个体认同"的构建机制，也并非在一个真空的环境中起作用的。认同虽然由自我界定，但认同又是自我与他人交往的产物，心理认同意识作为主体的一种身份或归属感，实则是人们社会交往中的关系建构。这主要是由于"他人"不仅以"想象中观众"的存在影响着主体自我身份的建构，同时还会通过由"他们"所组成的社会，对主体认同的方方面面施加不同程度的影响。因而，要想建立起一个"主客体统一"的身份认同，迷个体则必须不断地与他人、与社会产生互动，并彻底融入其中。事实上，这一互动的过程也是迷个体不断寻找群体归属的过程。

对篮球迷群而言，篮球作为一项集体运动项目，本身就自带一定的社群属性，加之"归属诉求"本身也是人类最基本的情感需求之一，因此，出于对偶像或所支持球队的强烈情感寄托，个体篮球迷则会本能地寄希望于找到与自己志同道合的、拥有相同情感经历的人来一起为球员或球队助威，并在这一过程中得到对方的认同。这种围绕着同一迷客体而聚集在一起进行交流与分享的行为，无论是在传统媒体时代还是当今新媒体时代，都是迷的最基本的一种实践方式。不同的是，以互联网为主的新媒体的出现，使得当代迷个体之间的交流与聚合得到了空前的加强。在虚拟的网络世界里，各种各样的线上交互工具不仅使得迷个体可以自主地选择文本并进行解读和再生产，同时，还能迅速将具有相同偏好的迷个体聚合在一起，形成一种非正式和相对流动化的线上社群组织。组织成员们以网络化、电子化、数字化的参与方式在网络空间场域内安营扎寨，通过信息的分享、情感的交流、共同体的构筑，最终赋予了该虚拟社群一种统一且专属的群体身份认同。与此同时，网络虚拟世界的高度包容性为当今迷个体的展演提供了更加自由广阔的舞台，而在其中借由某一共同爱好所组成的、相对封闭的网络迷群部落里，例如网络篮球迷社区，在这类社区中迷个体对迷客体电子文本的解读也更容易引起其他成员情感上的共鸣。借助新媒体所创造的网络迷空间，篮球迷实现了对自身文化意义的再建构，以及对意义的高度认同。

总之，无论是针对何种类型的迷所展开的认同研究，都不能将"自我认同"与"群体认同"割裂开来讨论，对于篮球迷这一特殊受众来说则同样如此。篮球迷的自我认同与群体认同是密不可分的，基于自恋、想象和展演，篮球迷个体在进行自我形塑的同时也在变相强化其作为"社会人"的群体认同。事实上，认同群体的存在也为个体篮球迷建构其自我认同提供了一个情感与实践的归属之地。在当今媒介化的社会，网络的开放性与包容性为篮球迷提供了一个极佳的情感宣泄与人际交流的平台，对于网络篮球迷群而言，网络虚拟社区不单单是一个"工具"，在某种程度上它还是篮球迷成员共同的"精神家园"。而个体篮球迷恰恰正是通过对共同文本符号的主动性选择和消费，以及由此所展开的仪式般共享，来建构起作为篮球迷的群体认同。在本章，著者将通过参与式观察虎扑社区、百度贴吧、腾讯体育社区内篮球迷的互动实践，并辅以对篮球迷进行深度访谈，以此来对篮球迷群体认同建构的机制展开分析与探索。

第一节 篮球迷认同的演变

无论是在现实世界抑或网络空间，共同的兴趣偏好都是建构迷群的核心以及连接迷群成员的纽带，同样的，也是区分迷群的边界所在，即借由迷客体的不同，我们可以清晰地区隔出迷群之间的界限。然而，相较于在现实场域内个体进入迷群的难易程度而言，网络空间中的迷社区因互联网的高度开放性和包容性，使得任意个体都能自由地来去，几乎无任何障碍。以网络篮球迷社区为例，不管是在虎扑社区还是百度贴吧，只要在搜索栏中输入与篮球相关的迷客体字样，例如NBA、CBA、姚明、科比等，就可以在搜索结果中点击进入与之相对应的迷社区空间，即便是没有注册或登录的用户也可以随意浏览相关信息。

然而，进入网络篮球迷社区场域内或者注册成为该社区用户，并非等同于就真正融入了球迷群之中。甚至即便是已经建构起自我篮球迷身份的迷个体，也并非意味着就必然是篮球迷群的一分子。基于社会学的相关视角而言，实际上只有当个体篮球迷真正参与网络篮球迷社群/社区的风格形塑以及关系构建，并且对该迷群的意义体系产生认同之后，他们才算拥有了该迷群的成员身份。在网络空间内，从个体篮球迷的认同到群体篮球迷的认同，实则是一个相互交织且相对独立的阶段性演变过程（图5.1）。

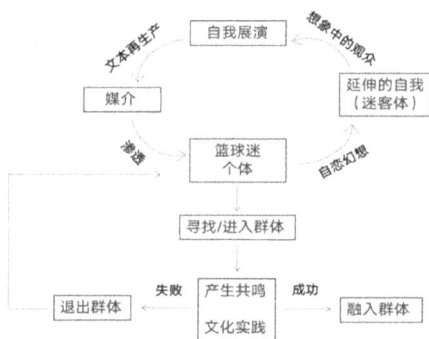

图 5.1 网络空间篮球迷认同的演变图

最初，篮球受众个体借助大众媒介与球星、俱乐部等迷客体之间建立起了情感上的联系，基于自恋的心理逐渐将迷客体视为是一种延伸的自我，并借由想象的力量不断强化这种自我的延伸感从而获得一种篮球迷身份的认同，继而通过一系列的自我展演与呈现最终确立这一认同。在这一阶段中，篮球迷所建立起的是一种迷个体的自我认同。在这之后,篮球迷个体通过主动搜索或是他人推荐,在网络空间找寻并加入篮球迷社区。一开始,大部分的篮球迷个体会以"潜水观察"或者"简单回应"方式,在篮球迷社区内进行浅层次的参与和互动。在这一阶段,篮球迷个体会对该迷群的体系、文化等内容做出判断,假如在这一过程中自己能与该迷群产生情感上的共鸣以及文化上的认同,那么,个体迷向群体迷成员的身份转变才算是真正意义上的启动。在此基础上,篮球迷个体开始与迷社群展开更深层次的互动,随之而来的便是迷个体对迷群的认同感不断增强,想象中的共同体也得以形成,通过一系列的迷群展演最终肯定、强化这种部落归属与群体认同。然而,假如在这一过程中自己未能对迷群文化产生认同,或者是产生了负面的情感体验,那么相应的,篮球迷个体便会选择退出该迷群,在这之后,或是重新找寻新的迷社区,或是回归并停滞在个体篮球迷的认同阶段,甚至是舍弃自我的篮球迷身份。

通过篮球迷的讲述,我们可以更直观地了解这一过程的不同阶段:

> 我一般情况下都是在虎扑或者腾讯上看别人发的帖子,自己很少会去发帖,基本上也不参与讨论,不主动添加好友,可以说是一枚安静的美少女,哈哈。虽然不像其他人那么活跃,但我这肯定也算是(虎扑勇士专区)库里球迷中的一员啊!再怎么说我也是每天都会去刷帖啊,只不过贡献的方式不一样罢了,浏览好歹也算是一种贡献嘛,嘿嘿。(F7,27岁,教师)

> 我基本上还是以看别人的帖子为主,不过有时候遇到自己特别感兴趣的或者是特别有感触的帖子,也会跟帖参与讨论。还有几次是在微博和抖音上刷到了一些比较有意思的动态图和视频,顺手就给转发到虎扑社区里了。(M16,36岁,中学教师)

> 我可以说是群里带节奏的那个人,不管是在线上还是线下。这么说吧,哪个主流篮球社区里都有我的身影在,哈哈。像百度贴吧啦、虎扑啦、腾讯啦、B站啦,我差不多每天都会上去浏览下。至于说回帖嘛,我觉得看帖要回帖是一种美德,哈哈。一般来说遇到喜欢的帖子,我都会跟帖表示下支持,算是对楼主劳动成果的一种鼓励吧。我自己也会主动发帖,带带节奏,发起个讨论之类的。也会参加济南本地的一些球迷聚会,大家一起看看球,

探讨下技战术，找个球场切磋切磋。都是喜欢篮球的人，很容易就能打成
一片了。（M2，19岁，学生）

可见，不同的篮球迷个体参与网上迷群的形式以及涉入程度是不尽相同的。尽管他们都被称之为"篮球迷"，但是这并不意味着他们是经受篮球文化洗礼后的均质群体。事实上，每个篮球迷个体都有着独特的个人气质与行事风格，他们往往根据自己的真实情况来决定自己的参与行为以及参与程度。结合上述篮球迷具体的参与表现，以及他们与网上迷群联系的亲密程度，遵循由浅入深的顺序，本研究尝试将网络空间内的篮球迷归纳为以下三类。

一、潜水者

"潜水者"一般指的是那些通常只在网络篮球迷社区或论坛中浏览相关文本，但是基本上不参与跟帖、不主动发帖、不主动社交的篮球迷个体。在他们之中，甚至有相当大的一部分人都没有选择注册成为社区用户。对这些人而言，网上篮球迷社区或论坛，只不过是他们获取迷客体相关资讯的一个重要的渠道而已。他们会经常甚至固定时间去浏览，然而却并不发声，也不为迷社区生产新的文本，除了增加帖子的点击率之外，对于迷群的影响极为有限。但是，对这些"潜水者"来说，虽然他们参与网上篮球迷社群的目的主要是获取信息，对迷群的贡献十分有限，与其他篮球迷群成员之间的互动与联系也相对稀少，但是，他们还是会将自己视为篮球迷群中的一分子，对该迷群存有一定的归属感与认同感。

二、浅层参与者

这一类型的篮球迷数量也是相对较多的，与那些潜水者不同，这些篮球迷都是线上篮球迷社区的注册用户，他们不单单是从社区中获取迷客体相关信息，当遇到自己感兴趣的话题时，也会通过跟帖、回帖、点赞的形式表达自己的观点、参与迷群中的讨论、表明自己的立场，只不过他们的表达一般都是些比较简单的回应，例如对于自己喜欢的帖子，他们会用"前排就座""顶楼主""赞一个""好"等简单字词；或是用"楼主分析得太精辟了，佩服""不认可楼主的观点，觉得楼主对球员有偏见"等来表明自己的立场是支持还是反对。虽然这些回应比较简单，也没有什么实质性的内容，但是这些篮球迷表明了自己的态度，与发帖者还是产生了一定的互动与联系。尽管参与程度不深，形式较为简单，所投入的时间和精力也是相对有限，但是，这些篮球迷是有着实质性的参与行为的，

诸如阐明立场、发表简单评价、与发帖者简单互动等，因而，他们对于迷群是有着一定的贡献的，对自己迷群成员的身份也是极为认可的。

三、深度卷入者

这类篮球迷虽然人数不多，但是他们对于迷客体的喜爱与迷恋的程度却是最深的。在他们之中，或是具有很强的信息收集能力，拥有一些独家资源；或是具有较强的专业知识储备、较高的分析和诠释能力。文本的解读与再创造可以说是他们日常生活的主要内容，占据着十分重要的地位。相应的，这些球迷对于迷群的贡献也是最大的，他们与迷群之间保持着频繁和密切的互动与联系，他们是迷群中的核心与灵魂人物，享有一定的知名度以及影响力，有的甚至还成为贴吧的吧主和社区的版主，对于迷群的归属感与认同感也是最强的。

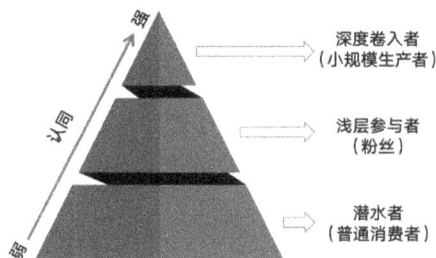

图 5.2 网络空间篮球迷等级结构图

上述三类篮球迷的等级、结构如图5.2所示。底层为人数最多但"存在感"最低的潜水者，他们对于迷群的贡献则是最少，与迷群之间的关联程度也是最弱；而位于最顶层的则是那些投入了自身大量的时间和精力的少数深度卷入者，他们是迷群的核心成员，对迷群的贡献最多，与迷群之间的关联程度也是最强。由下往上，篮球迷个体在迷群中的地位、影响力，对于迷群的归属感、认同感与忠诚度，以及在迷群中所享有的权利和可以实践的空间范围等，则趋于一个逐级递增的态势。根据受众参与消费和生产的程度，阿伯克龙比与朗赫斯特提出了一个"受众连续光谱"，一端是"普通消费者"，沿着"粉丝""崇拜者""狂热者"然后到达光谱的另一端"小规模生产者"。在上述的篮球迷构成里，潜水者近似于光谱中的普通消费者，浅层参与者类似于光谱中的粉丝，而深度卷入者更近似于小规模生产者。

需要指出的是，篮球迷对于网上迷群的参与和互动通常是具有渐进性的，那些作为核心成员的深度卷入者，很可能也是由潜水者或浅层参与者发展而来的。

并且，这三类篮球迷之间也并非相互独立、一成不变的，而是处于不断的流转变动之中。当受到某种刺激因素影响时，他们之间也会发生彼此转化的情况。例如，对于一些浅层参与者来说，迷群里其他成员的回应，尤其是当自己的帖子受到他人的追捧、重视、称赞时，很可能促使他们进一步转化为深度卷入者：

> 其实一开始我也是以看别人的帖子为主，偶尔特别有感触时，才会随便写一些心得体会之类的，也没太把这个当回事儿。我记得是有一次看完比赛后，写了一个战术分析的帖子，没想到回帖的人还挺多，那时候心态肯定就会有变化了。我把每一个回帖都仔仔细细看了一遍，里面表达支持的球迷还是很多的，这让我一下子有了一种被人认可的满足感。在这之后，我也陆陆续续发了一些跟技战术、球鞋测评相关的帖子，反响也是越来越热烈。现在想想，我自己发帖的动力就是这么被激发出来的，现在也是越写越多，大部分闲暇时间都用在发帖和回帖上面了。（M7，33岁，自由撰稿人）

相反的，当这些浅层参与者遭受冷落或是受到较多的批评、指责时，他们很可能就会变成潜水者，有的甚至会退出迷群：

> 之前我也发过一些帖子，可能是我能力不行吧，写出来的东西不够专业，帖子很快就沉了，没什么人关注，慢慢的就觉得没什么意思了。好歹也是自己辛辛苦苦写出来的，没什么人看，更别说是跟帖了，也就不愿意再写了，闲了逛逛虎扑，看看别人的帖子就得了。（M12，26岁，民企职员）

总的来说，在对当今网络空间篮球迷的认同演变进行阐释时，我们应该清楚地意识到：首先，篮球受众建构起作为个体篮球迷的自我认同并不能等同于已经将自己视为迷群的一员，这是由于该阶段的篮球受众个体很有可能仅仅是与迷客体间建立起了某种认同上的关联，并且通过一系列的自我展演加深了这一关联。而只有当进一步融入该群体时，篮球迷个体才算是建立起作为迷群成员的群体认同；其次，还有一种情况是，篮球受众个体通过对迷文本的持续性消费以及情感上的不断投入，从而与迷客体之间建立了认同感，并通过自我展演进一步肯定了这种认同感，此时的篮球迷极有可能同时建构起了个体认同与初步群体认同。随后，个体篮球迷通过参与迷群内的各种实践活动与其他迷群成员进行彼此间的交流与互动，以此建立起情感上的关联，并借由在迷群中的展演来获取迷群成员的认可，获得网络社区内的社会资本，最终强化群体认同；再次，融入迷群的篮球迷成员们并不会成为毫无差别、行动一致的统一体。他们在达成统一的迷群意义建构的过程之中是会有"不同之声"存在的，会有争吵、冲突、分裂、协商以及妥协。尽管也存在有未能融入迷群而选择停滞在个体篮球迷认同阶段，甚至是放弃迷身份的受众，但是就整体而言，迷群仍是当今篮球迷文化里最为重要的主体。一方面，告别传统空间的当代主体需要在虚拟的网络空间里找到心灵的寄寓之所，而迷群则让那些原本孤立的个体篮球迷拥有了可以归属的港湾。在迷群之中，成员们作为篮球迷身份的认同感进一步得到了肯定；另一方面，无论个体篮球迷是否参与迷群，"篮球迷群"的存在都给予了所有篮球迷个体一种迷身份的合法性；此外，篮球受众从迷群那里获得的体验反馈，则会直接影响其作为个体篮球迷的身份认同。如果是积极正面的体验反馈则会持续强化作为篮球迷的个体认同，即便是一些个体篮球迷会随着时间的推移而淡化对迷客体的认同感，但是迷群所带来的吸引力与归属感会让他们选择继续保留作为篮球迷的身份认同。反之，如果是消极负面的体验反馈则极有可能会不断消解他们对迷客体的认同感，甚至瓦解作为篮球迷的身份认同。

基于此，我们可以明确的是，迷群认同的建构同样是当代篮球迷认同建构过程中必不可少的重要组成部分，它与篮球迷的自我认同共同构成了当代篮球迷文化的重要内核。因此，在前文已经重点阐释过的篮球迷个体认同的心理机制基础上，本研究将在接下来的内容里重点对个体篮球迷寻找、进入、融入篮球迷群体的心理机制展开探索。

第二节 篮球迷"多重边界"的群体认同建构

一、篮球迷的内群体认同：建构"我们"

（一）篮球迷的社会范畴化

人类作为一种社会性动物，无论是在现实世界抑或虚拟世界，都必然要依附于某个或某类群体、部落而存在。这种"群体"有的是在个体出生之时即存在，如种族、宗族（以血缘为纽带）、民族、性别、阶层等；有的则是个体后天自主选择的，如趣缘群体、政治群体、业缘群体等。然而，无论是先天自带还是后天选择，个体所从属的这个群体对其认同的建构都有着十分重要的意义。这主要是因为人们需要从"他者"那里获取对自我的评价来不断建构自我认同，例如，我们往往借由"观察"与"想象"他者对自己的评价来认识自我，或者是通过将自己的观点、能力、行为方式与他者进行对比来反思自我，这一过程在社会心理学中被称为"社会比较"。

需要注意的是，人们对于这种他者的选择并非漫无目的。为了能够对自我做出一个现实、客观的评价，人们通常会去选择那些与自己有着相似之处的"他者"来进行比较。在费斯廷格看来，"相似性"是群体形成的主要经验决定因素，这是因为人们假定相似性对我们有着极大的吸引力，即相似性满足了人们对自我评价以及"主观有效性"（subject validity）的信息诉求。费斯廷格假设人们会因为受到与自己具有相似性的他者的吸引而集结在一起形成群体，这主要源自人们需要与具有相似性的他者进行比较，以便于对自身做出合适的评价并获得同感性确认[①]。特纳等认为，通过与他人对比，人们会对自我产生出一种共同的社会归类，并且该社会类别会在某一特定情境下成为其态度与行为的基础，这种个体的"自我归类"则是群体得以形成的开端。豪格（Hogg）和阿布拉姆斯（Abrams）则进一步指出，人们十分乐于按照他者与自身的"相同"以及"相异"来对外界进行分类，不断地将他人或是感知为"与自我是同一范畴的成员"，或是感知为"与自我是不同范畴的成员"。而这种将自我卷入范畴化的过程会导致人们产生一种认知，即"我"与该范畴内其他成员（内群成员）是"相似的"（identical），并且有着一样的社会认同，换言之，自我范畴化将个体置身于相关的社会范畴里，或者将群体置入个体的想象之中；与此同时，自我范畴化则会让个体在某一维度上做出与范畴（内群体）相符的行为，就本质而言，自我范畴化即是将个体转化为群体的过程[②]，这个群体（内群体）通常会被群体成员称之为"我们"。

塔菲尔将社会认同定义为"个体知晓他/她归属于特定的社会群体，而且他/她所获得的群体资格会赋予其某种情感和价值意义"，其中的社会群体指的是"两个及以上个体，拥有共享的社会认同，换言之，即他们感知到彼此属于同一社会范畴"，在塔菲尔看来，认同，尤其是社会认同，是无法与群体/

---

①约翰·特纳等.自我归类论[M].杨宜音，等译.北京：中国人民大学出版社，2011：25，217.
②迈克尔·A.豪格，多米尼克·阿布拉姆斯.社会认同过程[M].高明华，译北京：中国人民大学出版社，2011：9-28，192.

社群相分割的。因为"个体对于'我是谁'（自我认同）的界定，很大程度上是由其自我描述构成的，而自我描述又是与该个体所归属的群体特质相关联的，需要指出的是，这里所说的'归属'是指心理上的归属，而不仅仅是对于该群体特征的知晓"。社会心理学领域将这种基于个体的"自我归类"和"社会比较"而选择聚集在一起形成群体的过程称为"社会范畴化"，并将其视为社会认同得以建构成形的必要过程。

在当今媒介化的社会里，"标签化"是将人、事、物进行归类的最为常见的方式之一。在社会心理学中，"社会范畴"被定义为"人们依据不同维度所进行的划分"，例如国家维度（中国／美国）、种族维度（蒙古人种／高加索人种）、职业（律师／教师）等，而"标签"则是现代人标志分类最常用的工具，因此，从某种意义上来说，"标签化"即社会范畴化。在迷文化中，"标签"是迷个体身份的象征，也是迷这一特殊受众群体充满仪式感的自我声明的工具。对于篮球迷来说，标签赋予了他们一种明确的身份，例如，在虎扑社区和腾讯体育社区中，"湖人专区"从属于"NBA"分类栏，因此，对于篮球迷中以"湖人队"为迷客体的粉丝而言，其最主要的标签往往是"NBA"和"湖人"，这些粉丝也会将自己标签化为"NBA球迷""湖人球迷"；在百度贴吧中，以某一具体篮球明星为迷客体的"吧"，如"姚明吧"从属于"体育"分类下的"篮球运动员"，因此，姚明的粉丝也常常给自己贴上"姚蜜"的标签（以球员姓名合成的标签），或者"火箭球迷""上海大鲨鱼球迷"（以球员效力过的球队合成的标签）等，以此将自身放置于社会与大众媒介所提供的"参照系"中。而篮球迷这种"标签化"的过程，实则是篮球迷个体寻找和标示群体的过程，也可以说是将自我卷入范畴化的过程。

在网络体育社区平台上存在着不少的诸如"找某迷大部队""找某球迷组织"的含有"标签化"描述的帖子，如用户"虎扑JR1584335890"在其发布的帖子"辽宁球迷在上海看CBA寻找组织，想和辽宁球迷们坐在一起"中写道："求助，如题，辽宁人在上海，我看转播时辽宁球迷都是坐在一起看球的，辽宁客场打上海的比赛想找到组织一起看"[①]；用户"来一杯茶颜悦色"同样在其发布的帖子"寻找湖南长沙湖人球迷组织"中写道："最近看了几个贴，看别的城市有线下看我湖的比赛，不知道我大长沙有没有呀？想一起

---

①虎扑社区，辽宁飞豹.辽宁球迷在上海看CBA寻找组织，想和辽宁球迷们坐在一起[EB/OL].(2020-01-02)[2022-05-23].https://bbs.hupu.com/28593533.html.

看比赛加油的附几张自己的照片。希望湖南的湖人jrs帮帮顶一下，实在想一起看球。"用户"Kobe味的小丸子"发帖"跟个风，爆个照，14年女科密寻找科密大部队～"写道："爆个照，寻找科密的大部队～唠唠喜欢我科几年了～"[1]等，这种类型的帖子在各大篮球迷线上社区比比皆是。有篮球迷用"找寻同类"来描述个体寻找、进入群体的心路历程：

> 一个人追星太孤独了，连个分享和倾诉的对象都没有。你偶像赢球了，就你自己一个人在那里欢呼，你偶像输球了，就你自己一个人在那里伤心难过，没有人看得懂你的笑与泪，这也太可怜了吧。但是在我们勇蜜这个大家庭里，当我们聚在一起时，你随口一个'G6汤'、一个"小学生"，大家瞬间就能get到你说的点，这种默契是无需多言的，而且这种默契会让我非常有归属感，我喜欢和勇蜜们在一起，因为我们有共同的热情和信仰。俗话说得好嘛，物以类聚，人以群分，正因为我们都是勇士队的球迷，正因为我们都是一类人，所以天南海北、线上线下，我们才聚在了一起，成为勇蜜。（F2，25岁，公务员）

社会心理学认为在范畴化的过程中会产生一种增强效应，其主要方式之一就是会在同一个范畴内增强/夸大事物之间的相似性。对于网络篮球迷群体而言，则体现在大部分球迷会主观地感知或者判定某一球迷群体的所有成员均应拥有某些共同的特质，主要表现为内群感知被积极地评价，即当迷群内出现有可能引发争议、冲突、负面情绪的"声音"时，篮球迷通常持有一种"非我族类，其心必异"的心理认知，认为所有在篮球迷社区发表言论的球迷个体都应该以一种喜爱、支持、包容的心态对待迷客体。例如，有球迷在其迷客体陷入危机时，在群里发帖写道：

> 如果你只喜欢赢球的马刺，请出门左转。最初的热爱，源于对团队篮球的追求，从GDP时代开始喜欢的马刺，算不上老球迷了，从13的惜败到14的复仇，从卡二的崛起到卡二的交易，从阿德的独木难支到双德的挣扎，从季后赛常客到最近无缘季后赛，热情、热爱从未减少，老爷子可能快退了，但我相信马刺始终还是那支马刺，团队篮球的典范，因为这种球队已经被注入一

---

①虎扑社区.湖人专区.跟个风，爆个照，14年女科密寻找科密大部队~[EB/OL].(2020-03-21)[2022-05-23].https://bbs.hupu.com/33157650.html.

种灵魂——拼搏、永不言弃，这才是马刺，虽然马刺又没进季后赛，但年轻人未来可期，没有天赋的天花板，但你们有一种精神，你们是一支有灵魂的球队，马刺，加油！①

我不知道每年打完比赛这么多表示脱粉的"哈登球迷"是不是真的登密，我作为一个看哈登打球看了十几年的球迷，我不是在他巅峰时才慕名而来的，自然也不可能在他低谷时转身脱粉，无论哈登在哪个球队，无论他打得有多么拉跨，我都会支持他，永远！。

在上述帖子中，发帖者基于自身"死忠粉""真爱粉"的心理认知，理所当然地认为所有在篮球迷社区里的其他迷个体都应该像自己一样，以一种积极、热爱的心态对待迷客体。这一心理源自群体中的个体存有一种一致性的偏好，即倾向于认为其他内群成员与自己持有相同的情感认知，尤其是对迷客体积极的态度。

总的来说，正是因为篮球迷个体天然地相信内群体中的"我们"是相似的个体，因此才会产生出对迷群中其他成员抱有的一致性想象。当这种"一致性"得到迷个体确认，即迷个体实实在在地感受到了他者确实与自己持有相同的观点时，该篮球迷个体便会觉得自己得到了认可，而这种认可又会使其更加确认迷群特质与自我特质的一致化。在这一过程中，作为篮球迷个体的"我"与作为篮球迷群体的"我们"融为一体。于是，由个体特质引申到群体特质的过程反馈到篮球迷自身，从而加强了篮球迷个体对迷客体以及对整个迷群的情感认同。

（二）"自恋"：篮球迷建构"我们"的归因

社会心理学的观点认为，人类"自我反思"的本性使得自我既是"主观"的又是"客观"的。在此意义上，人们产生认同的过程总是基于"自我反思"来试图找寻自我的某种"一致性"，这就促使个体或者群体不断的借助"社会比较"来区分自我归类的维度。在这一过程中，个体通过与"相似性"的他者展开比较来确认自己对于自我、他人以及整个世界的感知是正确的、合适的和有效的，"相似性"成为群体和认同得以形成和产生的主要心理基础。与此同时，人类还有将积极价值赋予自身的动机，即人们通常喜欢自身并积极地评价自身，这种评价赋予个体一种心旷神怡之感，同时也提升了自我价值与自尊。

---

① 虎扑社区，马刺专区.马刺，赢陪你君临天下，输陪你东山再起[EB/OL].(2022-04-14)[2022-05-27].https：//bbs.hupu.com/53066587.html.

但是正因为如此，内群成员与外群成员之间的差异性往往被夸大到极端，并且使这种差异更有利于内群，表现为给予"我群"更高的评价，认为内群（我群）具有相对于外群（他群）的优越性，社会心理学将该心理称之为"内群体偏好"。就本质而言，这种群体偏好源自人们对群体内与自己"相似"的他者的偏爱，因为喜爱与自我相似的人意味着认同自己、喜爱自己。

在社会心理学家看来，人们通常感觉"我们"与"我们喜欢的人"是相似的，尤其是对于"迷"这一受众群体而言更是如此，因为这种相似性可以给予个体一种心理上的满足感。换言之，即"我们"的建构强化了个体对于自我的认同感。而积极的内群评价，即内群体偏好则有助于个体自尊的建立。本研究认为，可以用"自恋"来描述篮球迷个体以及群体认同的这种"积极性倾向"。一方面，在篮球迷个体对迷客体的认同建构过程中，这种"自恋"体现在篮球迷个体基于对自身"自恋性"的认同，从而将迷客体视为是一种"延伸的自我"，以及篮球迷个体基于自恋所进行的自我展演，以此来获取"想象中观众"的认可与积极评价；另一方面，在篮球迷个体对迷群的认同建构过程中，这种"自恋"则是体现在篮球迷个体想要获得更好的自我感知体验，继而通过找寻具有相似性的迷个体所构成的群体来获得自尊，以及认为"我"所在的"我群"要优于"他者"所在的"他群"的内群体偏好上。

在网络空间里，篮球迷的这种对自我以及"我们"的积极评价，主要体现在他们将社会性认同资源转化为个体以及群体认同的资本的行为之上，具体为将大众媒体，尤其是权威性媒体关于迷客体的正面、积极、赞同性报道文本转载至主流篮球迷网络社交平台上。如图5.3所示，用户"求知小霸王"和"别让我改了我真想不出来了"将《人民日报》关于辽宁飞豹俱乐部的官微声明和《人民日报》关于NBA球星库里的官评分别以图片形式转载至虎扑社区。

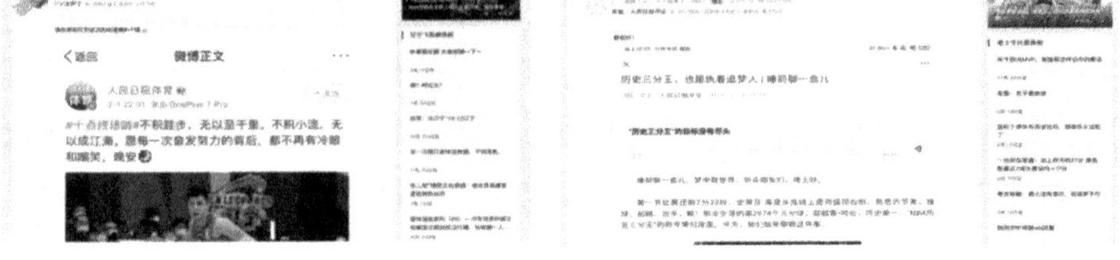

图 5.3 网络篮球迷转载文本图

再如图5.4所示,用户"丹吉洛7拉塞尔"和"当时只道寻常"将《人民日报》缅怀科比的推文同样以图片形式分别转载至虎扑社区和百度贴吧等。

图5.4 网络篮球迷转载文本图

有球迷在访谈中讲道:

> 《人民日报》都发文悼念科比了,可见我科的影响力有多大,成为他(科比)的粉丝是我这辈子做的最正确、最引以为傲的决定……我相信其他的科蜜们也是跟我一样的心情。(F8,26岁,银行职员)

对篮球迷来说,这种对迷客体权威性的正面报道被迷群成员视为是一种社会认可。鉴于篮球迷基于自恋心理将迷客体看作是一种"延伸的自我",那么,社会对迷客体的这种积极评价与认同,势必会回馈到篮球迷个体乃至整个篮球迷群体中,成为其建立自尊的源泉之一。无论是篮球迷个体的自我认同建构,还是篮球迷群体的认同建构,两者都需要从外界(他者)那里获得反射。从群体外的社会中获得认可与肯定的评价感知体验,能够让篮球迷建立更加积极、稳固的内群体认同。人们之所以会借助与"他者"的社会比较来评估"自我"以及"我们",主要是因为在这种比较后产生的积极性评价倾向,即内群体偏好、有助于人们自尊的建立。因而,当"我群"被社会感知是优秀的,那么群体内成员自然而然会享受到这种延伸的"荣誉"。大众媒体对迷客体的正向性呈现,不仅给篮球迷个体和群体提供了积极、正面的自我感知体验与社会认同感,同时也会促使篮球迷和迷群基于自我感知与反思来重塑自我、呈现自我。

二、篮球迷群的群内边界：多元的"我们"

（一）网络空间篮球迷群的群内分化

尽管网络篮球迷基于同一迷客体建立起了群体内认同，但是这并不意味着同一篮球迷群体内的所有成员都是"均质"群体。事实上，在同一篮球迷群体中，迷成员之间是存在着明显的差异和分化的。在网络篮球迷社区内，篮球迷往往用不同的类型或是"群中群"来定义自我和他人，主要包括以下几种。

1. 小白球迷

小白球迷在篮球迷群中俗称"伪球迷"，但是这里的"伪"并非贬义。在一些资深球迷看来，这类球迷充其量只能被称为是篮球观众，还达不到"迷"的层次。他们通常看球时间较短，大多数人基本不会打球，也不懂篮球规则，以集锦、自媒体文章为主了解某一球员或某一球队。例如用户"试问卷帘人却道海棠依旧"在虎扑社区发帖将伪球迷定义为"他们不看比赛，或者只是偶尔看一两场比赛的片段，他们喜欢的球星都是常胜将军，跟人辩驳都是这个球星战绩不行，那个球星没有冠军，他们绝口不谈球队阵容，绝口不提球星的技术实力，他们证明的办法就是战绩、冠军。但其实他们根本没有看过比赛"[①]。

2. 佛系球迷

这类球迷通常没有长期固定的主队，也没有特别痴迷的球星，喜欢的是篮球这项运动本身，对球队和球星多是以欣赏的态度对待。对比赛胜负没有太深的执念，也不会因为某个球星退役或者某支球队被淘汰而情绪悲伤。他们可能会游走于多个球迷群体之间，但大多数人不会为了某支球队或者某个球星与其他迷群内成员争论，而是觉得作为篮球迷没有优劣高下之分，自己愉悦的体验感才是最重要的。例如，用户"清远欧阳靖"发帖写道：

> 可能是每个人观点不一样吧，我是觉得输赢无所谓，没看到直播（篮球比赛）就亏了，毕竟看一场少一场。我会好好珍惜这现役巨星最后的时光，默默支持他，看他到退役。你们评论黑他我也不会去争，佛系看球。[②]

①虎扑社区，76人专区.看见一个登哥的真爱粉[EB/OL].(2022-05-16)[2022-06-07].https：//bbs.hupu.com/53707062.html.
②虎虎扑社区，湿乎乎的话题.真正的球迷VS伪球迷[EB/OL].(2022-04-29)[2022-06-01].https://bbs.hupu.com/53375185.html.

3. 死忠球迷

"死忠球迷"又称"真爱粉""铁粉",这类球迷往往赋予自我对迷客体"不离不弃"的人设,他们中的大多数人有长期固定的主队或者极度痴迷的球星,其中不乏一些迷个体是为了偶像而成为篮球迷。在他们看来,不管发生什么事,都应该支持迷客体,而不应该去诋毁偶像。例如,用户"我不喜欢登哥13"发帖说道:

> 喜欢哈登的朋友,是最值得让人尊敬的,我们的偶像和其他人的偶像相比,他没有总冠军,黑粉那么多,受到谩骂和诋毁多于其他人,可这依旧阻挡不了我们对于他最纯粹的喜爱。我们在网络上反击喷子,有时候也会因为他的表现拉胯而吐槽几句,但自己的偶像容不得别人来摧毁。[1]

需要说明的是,"死忠粉"往往对迷客体拥有极强的认同感和归属感,这就导致了在这类球迷群体中容易滋生出一些所谓的"无脑粉"或者"黑粉",即缺乏理性,对迷客体极度盲目地追捧,对任何不利于自己偶像的言论或行为不问缘由地盲目攻击。有球迷这样描述贴吧里的"无脑粉":

> N吧(NBA贴吧)刚开始还是挺正常的,大家都有各自喜欢的球队或者球星,球迷们在一起讨论着各自的偶像,基本上都还是比较理性的。后来慢慢地一些无脑粉就冒出来了,搞得整个N吧乌烟瘴气的。这些人吧,见不得别人说他偶像一丁点儿的不好,谁敢说一句,立马就不分青红皂白地开骂,言语攻击对方。要是他们支持的球星输球了,直接就在吧里发帖骂赢球的队伍,一点节操都没有。这些人虽然数量不多,但是在评论区活跃啊,那可是主力军啊,惹不起。(M1,28岁,高校教师)

4. 专家球迷

这类粉丝多为资深球迷,喜欢且擅长总结。他们往往时刻关注比赛的最新资讯,分析球员的技术特点、球队的战术风格以及俱乐部的管理运营。并且会经常的在社区里分享一些供其他球迷交流探讨的文字、视频素材或是个人见解、观点等。例如,用户"终极闪光"在腾讯体育社区发帖写道:

[1]虎扑社区.湖人专区.现在的球迷这么浮躁的…[EB/OL].(2021-02-07)[2022-06-07].https://bbs.hupu.com/40987663.html.

勇士完善体系中的不足，我认为正是因为他们团队篮球打的太出色了……长时间5个人的配合，导致了一场比赛拖到第四节最后一刻，防守强度极度上升，距离比赛结束越来越近，时间和回合数越来越少，这个时候发挥团队篮球和战术的时间不够了，这个时候往往需要超级巨星单打，这个时候不能再靠五个人了，需要靠一个人的时候，勇士队难有稳定的攻坚手，其实这点我相信大家看篮球这么多年，国内外专业评论员和解说都听过了，这点他们也经常提到……①

这种类型的分析总结帖在各大篮球社区平台十分常见，这些发帖者之中也有不少是在自媒体里活跃的体育创造者。一些专业球评、主播也可归类到专家球迷类别之中。

在网络篮球迷群中，多元化和差异化的篮球迷个体构成了不同类别的"群中群"，这些"群中群成员"会界定并区隔彼此。这种群内边界在描绘了篮球迷群内多姿多彩的互动生态的同时，也划定出了一条条纵横交错的迷群内界线。就本质而言，这种篮球迷群内部的边界化始于群内成员身份认同的分化。有学者指出，尽管个体基于共同的兴趣偏好而自发地汇聚在一起仍是网络迷群出现的根本原因，但是需要注意的是，现如今这种基于"趣缘"逻辑下的"迷群成员聚合机制"正在逐渐发生着变化，开始越发彰显个人主义色彩，即把社会理解为"为了达到某种目的而自愿结合的独立个人的聚合体"。而个性化的凸显则不可避免地带来迷群内部的"互动异化"。因此，作为篮球迷群多重边界之一的"群内边界"，无疑为我们阐释当代篮球迷群认同的多元性与复杂化特征提供了一个很好的参照。

（二）篮球迷群的群内极化与共存

迷群内边界，即我们通常所说的迷群内成员之间的区别与差异，是一种存在于想象或意识之中的用来区隔空间的界限，迷群内边界主要受群内成员自身的认知、等级、需求等方面影响。著者通过观察与访谈发现，在篮球迷群内，这种群内边界是明确存在的，并且这种群内边界还催生出了篮球迷群的"群内极化"现象，主要表现为群内成员口中的"真球迷"与"无脑粉""喷子"间

---

① 腾讯体育社区，热议NBA.勇士第四节末决战时刻，库里的关键球，问题到底出在哪？[EB/OL].(2021-12-06)[2022-06-09].https://fans.sports.qq.com/post.htm?id=16962807449318852
73&mid=69#1_allWithElite.

的对抗。在访谈中几乎所有受访球迷都认为，球迷群体内出现的"伪球迷""黑粉"和"喷子"等是引发迷群内不和谐因素的始作俑者，有球迷这么形容：

> 之前贴吧里老球迷都是比较理性的，大家发帖也都是分析球队技战术、探讨球队规划发展之类的干货。但是现在吧里基本上全都是对喷、对骂的帖子。虽然咱也明白，人一多难免会出现观点上的冲突，但是，自从这些"赢球粉""喷子"混进来之后，吧里气氛就完全变了样。队伍刚输个一两场球，就有一大群"伪球迷"在那儿吆喝着让主教练下课，让管理层辞职。这些人压根儿就不懂球，连最基本的篮球规则都不懂，更别提专业知识了，这些人单纯就是来追星蹭流量的。你说咱这些老球迷发个帖客观评价下球员表现，马上就引得这些个"无脑喷"毫无缘由地反击、开骂。他们也说不出个所以然，总之就是不能说他们的偶像，整的全是"饭圈"那一套东西。这些打着追星旗号的无脑粉们，真的是拉低了整个群的素质。真球迷谁会像他们那样整天到处去挑事儿，在我看来，他们就不能被称为球迷，充其量就是蹭流量的网络小丑。就是因为这些人，才让原本应该和谐的贴吧变成了真球迷与脑残粉的战场。（M9，28岁，科研工作者）

上述访谈材料展示了篮球迷群内的对立阵营，即"真球迷"与"伪球迷"间的交流异化。事实上，在该球迷所在的"詹姆斯吧"里，无论是"真球迷"还是所谓的"无脑粉""喷子""伪球迷"等，他们都是以球星詹姆斯为迷客体的粉丝群体，但是对于不同的"群中群"而言，"基于球迷身份下的认知与行为方式"则是构成他们差异化的根源所在。以"赢球粉"为例，他们内心对于迷客体近乎疯狂的认同导致了其行为上的极端表现。加之篮球作为一项对抗性运动，胜负是其竞技结果的最直接的体现，因而也就导致了部分极端球迷将输赢凌驾于一切，由此构成了他们与一些理性球迷在认知与行为上的冲突与矛盾。社会心理学认为，人们普遍拥有一种期望"他者"与"我们"具有相同观点的"偏好"。而当我们发现他者与我们观点有冲突时，便会自然而然地排斥他者。这种"偏好"在群体内部会被最大化，这就导致成员格外排斥群体内部与自身持相异观点的他人。在此意义上，篮球迷群内不同类型球迷对迷客体认知与行为上的差异就会极易导致他们之间的极化与对抗。

但是，篮球迷群内各类型篮球迷之间的对抗与区隔并不是绝对的，所谓的

"理性球迷""真球迷"与"无脑粉""伪球迷"的身份也并非不可共存，毕竟他们都是因为支持同一个迷客体才聚集成群的。当有外群体介入时，群内成员身份的一致性便会凸显出来。例如用户"约基奇是goat"在虎扑社区发帖写道：

> 请区里球迷都注意，外来引战跨区嘲讽直接举报，不要跟他们理论，都不知道是什么玩意儿。以及，希望所有球迷都统一一下，一致对外，不要制造内讧……费区口号，相信过程，邪恶必胜。[①]

用户"GOATLBJ19"同样发帖写道：

> 难道大家不都是希望这支湖人队好吗，詹密（詹蜜）自私点说也是希望詹姆斯能好，那也是建立在湖人好的基础上的。我觉得大家还是要同仇敌忾，一致对外，毕竟被某人耍的事情我们还没有忘记，新赛季肯定也不会容易，还有一堆黑子在等着笑我们呢。

可见，篮球迷群内不同成员之间并不是绝对的非此即彼、无法共存的。他们同属于某一具象的迷客体粉丝阵营之中，因而在建构上具有极大的相似性。尤其是当外群体出现时，这种相似性会变得尤为显著。但是相似不代表完全相同，各篮球迷群体内群之间同样存在着一定的差异性。而篮球迷群内边界则是依据情景的差异而产生相应的变化。由于现阶段网络迷群的参与模式使得篮球迷个体进入迷群的门槛不断降低，这就导致了在迷群内成员身份认同更具多元的同时，其内部也随之催生出了身份观念上的"对抗或鄙视链"，例如"老球迷""专家球迷"相对于"新球迷""小白球迷"的优越感；"理性球迷"与"无脑粉"之间的冲突对抗等。但就总体而言，篮球迷群体群内成员之间在身份认知上是处于一种"极化与共存"的变化过程之中。

三、篮球迷群的群际边界：建构"他们"

在前文中已经讨论过，人们比较倾向于参照他人与自我的"相同"与"相异"来对其进行分类，不断地将他人或是感知为"内群成员"，或是感知为"外

---

①虎扑社区，76人专区.请费区球迷不要内讧[EB/OL].(2022-03-12)[2022-06-09].https：//bbs.hupu.com/52453264.html.

群成员"。这一过程中,"求同"与"存异"则是共同发挥其作用。一方面,个体通过与相似的"他者"进行比较获得同感性确认,并由此形成群体;而另一方面,个体也通过差异与区隔来辨识与界定自我。人们对于"我"与"我们"的认同总是相对于"他"与"他们"所界定并建构的。个体不断地将他者感知为与"自我相似"或是"与自我相异"来划定边界,这就使得不同边界的划分成为身份认同建构过程中重要的组成内容。

在互联网场域内,篮球迷通过"自我归类"与"社会范畴化"在建构起"我们",即群体内认同的同时,也建构起了"他们",即群际边界。在社会心理学的观点里,在归类和范畴化的过程中会产生一种增强效应,这种增强不仅体现在同一范畴内成员间"相似性"的增强,还体现在与该范畴外的他者"相异性"的增强。与此同时,社会认同理论将群体身份视为自尊形成的重要源泉,认为人们为了维系已有的 社会认同会尽自己的全力捍卫其内群(我群)的积极面向,同时构建出显著的内外群差异,而这也最终导致了群体内偏好与群体外偏见的形成,具体表现为赋予"我群"积极性刻板印象和给予"他群"歧视性刻板印象。换言之,正是因为范畴化才导致了群体竞争与群际边界乃至群际极化现象的出现。

弗雷德里克·巴斯认为,边界是区分族群最为主要的因素,族群间正是借助不同的符号和标记从而划定了"我群"区别于"他群"的边界。对于篮球迷群来说,也是如此。篮球迷群正是基于不断划定边界,以此来感知与界定自我的归属。事实上,就本质而言群体认同更多的是通过"差异性"而不是"相似性"来予以界定的。因而,篮球迷群成员的集体认同则是通过划定群际边界来构建以及不断强化的。上一节我们曾讨论过,迷群内边界是一种存在于想象或意识之中的、用来区隔空间的界限。而篮球迷群的群际边界同样是一种基于人们主观的、想象性的、概念性与符号性的边界。基于此,著者选取此前在网络社区平台中话题热度较高的"NBA球迷"与"IKUN(注:蔡某坤粉丝名称)"之间的冲突与对抗为例,来阐释篮球迷"群际比较"对象的选择,以及"群际对抗"被赋予了何种意义。

2019年初,NBA(美职篮)官方宣布中国歌手蔡某坤成为首位新春贺岁形象大使,而与他一同为中国篮球迷拜年的还有NBA球星汤普森、利拉德以及"字母哥"等。该消息一经发布,便在各大网络篮球社交平台引发了热议。此后,该娱乐明星所拍摄的打篮球视频更是将这一波舆论热潮推至顶峰,由此引发了活跃在虎扑社区的球迷群体与微博平台的"饭圈女孩"之间的冲突对抗,甚至骂战。如图5.5所示,一方面,娱乐明星蔡某坤的粉丝"IKUN"对于自己偶像能成为NBA形象大使而感到骄傲自豪，纷纷在微博平台转发炫耀。

图5.5 "IKUN"微博截图

另一方面，国内大多数篮球迷却对这一消息无法接受。在国内NBA球迷最大的聚集地虎扑社区中，平台发起了一则"蔡某坤成为首位NBA贺岁形象大使，什么水平？zt"的投票帖，在短短一天时间内就获得了五十多万的阅读量，成为社区的焦点话题，投票结果更是直观体现了虎扑球迷的态度，如图5.6所示，有近80%的投票者选择了"我觉得很垃圾"。

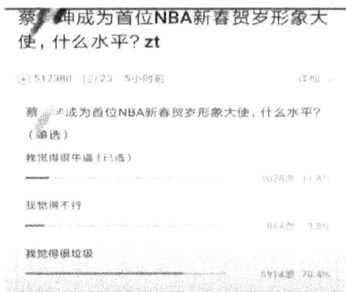

图5.6 虎扑球迷投票示意图

篮球迷之所以会对该娱乐明星出任形象大使如此抗拒，根本原因在于球迷对迷客体的范畴化和刻板印象。在篮球迷的认知里，篮球赛事是一项充满对抗性的竞技运动，而不是娱乐明星哗众取宠的工具。娱乐明星蔡某坤偏向于阴柔的舞台形象与NBA球星一直以来被形塑的硬汉形象之间的巨大反差，是令篮球迷感到难以接受的最为主要的原因。对于篮球迷来说，娱乐明星和饭圈女孩的介入导致了群际威胁的产生。社会心理学的观点认为，人们对于群体情感的反应是基于他们对群体威胁的感知。不同的群际威胁导致了不同的群体反应。群际威胁指的是一个群体的行动、共识以及表征受到另一个群体的威胁。正是人们缺乏对群体或群体成员的更深层次了解，才导致出现群际消极态度与偏见，最终引发群际歧视与冲突。与此同时，这种群际对抗与冲突反过来会加深不同群体间的消极刻板印象，导致恶性循环的出现。在群际对抗过程中，任意对迷客体的威胁等同于对迷和迷群的合法性的挑衅，这关系到最根本的认同问题。换言之，群际威胁则是群际歧视、偏见乃至冲突的必要条件，甚至可以说是群体划分边界的首要他者。在这次"形象大使"事件中，无数篮球迷在面对自己视为生命的迷客体（篮球）被如此侵犯时，也就自然而然地打响了篮球迷群反流量的战役。与之相应的，站在对立面的"IKUN"眼见自己崇拜的偶像被指责，便在她们的根据地微博平台展开了反击，然而当她们想把战火引燃至虎扑社区时，却遭到了重创，单单是在注册时一个"喜欢 NBA 还是 CBA，具体喜欢哪支球队"的问题，就让这些饭圈女孩无从下手。

总的来说，当篮球迷感受到自身所属群体身份受到了他群的威胁时，他们便会团结一致，展开对外群体的反击，并试图维护自身群体形象，以此来维系篮球迷的群体认同建构。篮球迷自始至终秉持着他们"固有"的认知思维，他们对于娱乐明星以及饭圈女孩在审美风格上的认知差异与冲突，不仅没有对篮球迷群的群内共识与价值取向产生影响，反而进一步加深了篮球迷群的群体认同。正如社会心理学所描述的那样，认同本身就是一种范畴化以及社会归类的过程，它具有特定的价值判断，同时借助创造差异来进行群际间的区隔。

四、篮球迷群的群内等级与权力机制

社会心理学的观点认为，群体区隔与比较的结果之一就是群内成员等级、地位和权力的产生。麦特·西尔斯指出，任何既定的迷文化都不再只是一个社群，同时还是一个社会层级。通过成员持久和稳定的实践行为，该迷群得以建构并维系其群体规范、群体意义以及信仰体系。当前，网络虚拟空间为迷群成员进行文化实践提供了理想的场域，同时也为迷文化研究者们审视迷群互动提供了丰富的原生数据素材。在网络社区中，由迷个体所自由发布的文本或话语，则可被视作是迷群规范、意义、文化的全方位体现，为学者们探索迷群文化提供了珍贵的解释性资源。

对于篮球迷群来说，网络社区如百度贴吧、虎扑社区、腾讯体育社区的出现，将散落在世界各地的球迷个体以"趣缘"群体的形式集结于同一虚拟场域之中，成为当今中国最主要的篮球迷群聚集地。这些网络社区平台则成为广大篮球迷进行互动实践，以及建立迷群认同的最为重要的文化空间。为了促进网络球迷

社区的稳定与发展，各社区平台则会相应建立起一套完整的成员互动规则与等级制度。鉴于此，著者选取了其中对篮球迷影响较大的虎扑社区作为本节内容探讨的具体对象。

（一）虎扑社区篮球迷群的等级制度

在虎扑社区中，篮球迷用户等级体系包括"等级称号"和"声望称号"两种衡量方式（见图5.7），球迷个体注册用户即可获得"初学弟子"和"籍籍无名"的称号。

图 5.7 虎扑用户"等级"与"声望"称号图

伴随着用户浏览、发帖、回帖等实践行为，其等级和声望值会随之积累、提升。用户等级越高，拥有的发帖权限也就越高。而用户声望越高，则表示该用户的观点越被他人认可，对社区的贡献和价值也就越大。因此，等级和声望较高的篮球迷相对享有迷群内更大的话语权和影响力。

除了上述虎扑社区自身所划定的等级标准之外，各篮球迷群内部同样有着等级的设置。为了能够构建长期、稳定、和谐的迷群关系，虎扑社区里各专区迷群内的代表们通常会结合大多数成员对迷文本的解读，来建立专属于本迷群的认知和行为共识，并以此来制定本迷群的群体规则，确立本迷群成员的互动交流准则。就本质而言，网络社区中迷群规则的制定，则是迷的群体认同建构的制度保障。这种篮球迷群内部的规则主要体现在各专区的版规上，具体由虎扑专区的版主来制定与执行，且依据现实状况的变化进行相应的调整与更新。如图5.9所示，虎扑专区版规主要包括成员需要遵守的规则，以及对违规行为的惩罚两个方面。版主会对符合版规的优秀内容予以推荐、加精，或者推送首页，以此来提升发帖者的声望与等级。相应的，对违反版规的内容会予以删除，情节严重的甚至采取封号惩罚。

图5.8 勇士专区版规（2019版）图

换言之，在虎扑各篮球专区中，篮球迷群通过分配成员话语权的方式来调整群体内部的等级以维护群体认同。如图5.10所示，著者将这种篮球迷的群内等级大致划分为三个层次：首先，版主等专区管理人员由于拥有分配与监管迷群成员话语权的权力，因而处于金字塔的顶层位置；其次，那些遵守版规、认同本迷群理念的成员普遍位居第二层。这类球迷拥有一定的话语权，可以在迷群规则允许的意义框架内自由地表达；最后，那些不遵守版规或是与本迷群理念相悖的个体成员则被削弱甚至剥夺话语权，因而在迷群中位居最底层。需要指出的是，这一结构只是针对迷群等级的一种最基础的划分，具体的情况要复杂得多，在每一层等级内还可以进一步展开区分。并且，这种篮球迷群的群内等级并非一成不变，而是在迷群所建构和认同的意义框架之内能够相互转化与流动的。例如处于第二层级的篮球迷个体可以通过强化对迷客体的投入或是展示独特的个人魅力，以此来扩大自己在迷群中的声望和影响力，获得更多的话语权，从而进一步跻身迷群代表的行列。

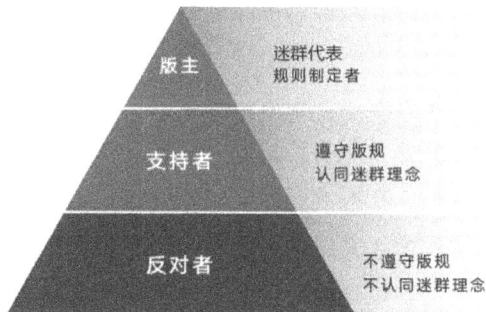

图5.9 篮球迷群内等级划分图

（二）虎扑社区篮球迷群的权力机制

费斯克指出，迷及其文化资本能够帮助迷个体获得一定的声望以及树立自尊意识。而知识则与金钱一样，往往成为权力的重要来源。事实上，在篮球迷群内部，文化资本正是决定迷个体等级地位的一个重要衡量指标。一般而言，那些对迷客体有着更深层次了解、具有一定相关专业背景、占据一手信息资源、具备语言或文字表达才能、发帖品质较高的迷成员们，在迷群中通常拥有较高的声望和认可度，甚至会成为迷群的代表。与之相应的，这类拥有地位和声望的个体在迷群中则能获得更大的权力，主要体现在话语权的分配上。就本质而言，正是通过对话语权的不断调整与再分配，迷群中的成员最终在网络虚拟空间中建立起了一个有别于真实世界的社会空间结构。

西尔斯指出，迷不仅在迷群中分享共同的兴趣，同时也处于相互竞争的关系。在篮球迷群中，地位与权力不平等所带来的利益差别，则会引发迷群成员对声望以及权力的争夺和追逐，尤其是那些处于第二层级且对权力拥有强烈欲望的篮球迷，他们会更加积极地参与迷群活动，更为频繁地在迷群中进行展演，以此来获取等级提升所需的经验值。事实上，网络迷群中的权力关系是在围绕某一话题的具体讨论过程中，在多方主体为了争夺话语权而进行的竞争与合作中所建构起来的。在虎扑社区中，专区版主则成为凌驾于一般话语主体之上的权力者。专区版主，即在虎扑社区平台中专门负责各个专区的管理人员，拥有申精（注：申请精华帖）、置顶、删帖、封号等权力。需要指出的是，版主并非由官方组织指派，而是由社区内部公开招录选拔产生。以虎扑社区火箭专区版主招募说明为例，成为该专区版主首先要具备以下条件：

①理性和良好的个人观点。

②虎扑注册时间超过1000天，个人声望超过1000点。

③一个月内没有恶意违规行为的记录。

④为版主后要严格规范自己的言论。

⑤遵守虎扑全站版规和火箭专区版规。

其次，需提交申请，在通过现有专区管理组的选拔与考察之后，先成为版主候选人或实习版主，最后，在顺利通过实习期考核之后，便成为该专区正式版主，享受版主所拥有的权力。需要注意的是，版主权力的使用必须基于专区现有的规则之下。就本质而言，这些专区版主不过是篮球迷群所建构的群体意义框架下现有规则与权威的维护者。他们不能对该专区迷群中长期奉行的价值观与意义表示质疑,甚至可以说他们作为权力的受益者正是源于其奉行这些群众理念与信条。然而,即便是处于金字塔顶层的版主,一旦他们做出任何与现行群体共识相悖的行为时,等待着的有可能是权力的剥夺与身份、地位的丧失。事实上,相较于普通球迷而言,篮球迷群中这类版主或代表作为权力的受益者往往拥有更高的自我认同和群体认同。在访谈中,M15这样描述了他在虎扑火箭专区担任版主的经历:

> 之前做过一段时间的版主,说真的,工作量还是挺大的。主要任务就是维护好火区(火箭专区)舆论氛围、净化交流环境,处理一些不当言论。删帖、封号也是常有的。我自认为做事还算公平吧,不会想着利用手中这点权力去随意删别人发的帖子。自己呢偶尔也会主动发些讨论帖,引导大家理性交流、和谐发声。当时的愿望就是让火区成为模范专区,大家都能友好交流,少些谩骂。当版主时候还是挺有成就感的,通过跟火区的 jr们不断交流,也更加热爱火区这个大家庭了。(M15,29岁,媒体工作者)

总的来说,在网络篮球迷社区中,无论是担任版主还是作为代表的篮球迷,他们对于迷客体所耗费的时间和精力,以及在情感上的投入度都要远大于普通球迷,因此,他们与迷客体的羁绊也更为深刻。他们在行使迷群所赋予的权力时,积极的自尊得以建立,这就使得他们的自我认同与迷群认同不断被加深。

第三节　篮球迷群的"共同体想象":群体认同建构的重要源泉

一、"趣缘部落":篮球迷想象的共同体

共同体(community)作为社会学中一个十分重要的概念,最早由德国古典社会学家斐迪南·滕尼斯将其引入该领域,中国学者费孝通等人则将其翻译为"社区"。在社会学中,共同体被定义为"人之群体建立在自然的(有机的)、相同出身的、观念相似的或共同命运和共同追求基础之上的同体共存[①]"。滕尼斯进一步指出,共同体的胚胎形式源自血缘关系,由家族式的"血缘共同体"

---

①斐迪南·滕尼斯.共同体与社会[M].张巍卓,译.北京:商务印书馆,2019:45.

作为聚合的基础；随后，继续扩展为以对土地、耕地的占有为基础的"地缘共同体"，如村落、领地等；此后，随着范围的扩大，最终形成以共同崇拜的神祇为纽带所建构而成的"精神共同体"，由此划分出了共同体的三种渐进形态。①在此意义上，血缘、地缘、信仰等成为人们建构身份认同的重要来源。

然而，现代性伴随着数字技术的飞速发展已将当代主体裹挟进网络空间这一全新的生存领域。在这里，个体之间以及群体之间的交往不再受到血缘、地缘等传统参照因素的限制，家族式以及地缘性共同体的意识也逐渐被淡化。这一转变则导致失去传统参照的现代人普遍陷入孤独、焦虑之中，当代个体由此萌生出寻觅自我、重构认同的主体诉求。于是，"网络虚拟社区"——这一建构当代社会关系的全新场域便应运而生。网络虚拟社区不仅为现代人提供了一个可以摆脱时空和物理距离限制的、用于持续性交流与沟通的全新公共空间；同时，还创造了"多媒体交流"这一新型的社会互动形式；更重要的是，网络虚拟社区重构了社会关系建构的参照基础，导致传统的以地缘和血缘关系为基底的共同体逐渐被以共同的兴趣爱好为基底建构的趣缘共同体所取代，成为当今社会最普遍的共同体构建方式。

在网络空间里，规模庞大的趣缘共同体之所以能够形成的主要原因，一方面在于当代个体找寻自我身份与群体归属感，以及维持群体识别等一系列心理诉求的驱动；另一方面则在于互联网科技的发展与普及，以及全球化进程的不断深化为世界范围内趣缘共同体，如网络篮球迷社区的建构提供了可能。法国社会学家米歇尔·马费索利（Michel Maffesoli）将这种因共同的兴趣和情感联结所形成的群体聚合称为"新部落"，其"新部落理论"认为网络时代的新部落不同于以往有着特定地理边界的传统部落，它所聚集的方式不再是氏族、阶级、地域、性别、种族等传统的结构性因素，而是以趣缘为内核，强调相似的品位来建立起所谓的"趣缘共同体"，以此赋予成员归属感与认同感。②在此意义上，我们可以将网络篮球迷社区看作是以"篮球景观"为迷客体所建构的"趣缘部落"。需要注意的是，这种篮球趣缘部落有其独特的一面，即"以部落间的对抗"或"胜负之争"作为群体成员情感的特殊目的。在这一过程中，成员身份得以建立，对迷客体的忠诚得以建立，群体记忆得以保留。

需要指出的是，网络篮球迷群虽然表面上是由真实存在的个体在虚拟场域

---

①②本尼迪克特·安德森.想象的共同体：民族主义的起源与散布[M].吴叡人，译.上海：上海人民出版社，2005：16-17.

所集合而成的趣缘组织，但是这种趣缘群体的构成方式却是"想象性"的。换言之，网络篮球迷社区实质是扮演了一种迷部落成员"想象性精神家园"的角色。然而，这种"想象"并非肆意捏造，而是形成任一群体认同所必不可少的认知过程。正如安德森对"民族"所作的描述那样："它是一种'想象的共同体'，这种想象的共同体并非虚构的共同体，而是一种与历史文化变迁相关，根植于人类深层意识的心理的建构。"①这一描述同样可以应用在篮球迷群这一趣缘部落身上。篮球迷群体通过对媒介化图景和文本的解读，从而不断地从大众媒介中获取想象性资源，以此来建构属于趣缘共同体的"群体意义"与"群体形象"。同时，在迷群内部将篮球迷个体所贡献的多元化文本解读进行观点上的流通与共享，通过这一互动过程创造出新的文本乃至群体意义体系，以此来塑造出篮球迷群作为以兴趣偏好为基底所建构的"想象的共同体"的这一群体认同。而伴随着新媒介技术全方位渗透至人们的日常生活，当代主体已逐渐将其交流与互动的场域从现实的物理世界迁移至虚拟的网络空间。网络虚拟社区则在很大程度上取代了传统社区，成为当代个体身份认同与情感体验的重要源泉。

二、篮球迷群的想象性实践：迷群互动仪式

兰德尔·柯林斯在其"互动仪式链"理论中指出，人类社会中大多数现象都是由人与人之间的相互交流以及各种各样的仪式来维持的，人们聚集起来围绕着一个共同关注的话题或是对象进行彼此间的交流，这些参与互动的主体不断投入其情感和关注，同时感受到来自他者所投入的情感或是聚焦的关注，由此产生个体间情感或者情绪上的共鸣，并最终形成一种群体成员的归属感与身份认同感②。

在虎扑社区、腾讯体育社区等篮球迷聚集场域内，各专区注册用户通过发帖来发表或分享自己的观点看法，其他人则借助回帖的方式参与交流讨论，发帖者与回帖者则以此产生情感上的共振，继而产生一种趣缘认同，这与柯林斯所提出的互动仪式链相契合。在本研究中，著者所讨论的篮球迷群互动仪式主要是一种基于网络空间所进行的集体性象征行为。在篮球迷群这种互动仪式中，信仰得以唤醒，迷个体与其他迷成员一同展演共同的身份，透过想象建立彼此间的联系，集体意识得以维系。著者通过参与式观察发现，当代篮球迷群在互联网场域内的互动仪式，主要以直播时的观赛仪式为主予以展开。

---

① 本尼迪克特·安德森.想象的共同体：民族主义的起源与散布[M].吴叡人，译.上海：上海人民出版社，2005：16-17.
② 柯林斯.互动仪式链[M].林聚任，译.北京：商务印书馆，2012:33.

柯林斯认为两个或两个以上的人"同时在场"是"互动仪式链"得以形成的要素之一，对于现场观赛的球迷而言，他们在观赛过程中的互动行为本身就是一种仪式。而随着传播技术的不断发展，大众媒介逐渐成为跨越时空限制、建构当代仪式的最主要介质。甚至可以说，当今时代最具影响力的文化仪式往往是由大众媒介来组织并呈现的。与之相应的，在由大众媒介所组织的球迷观赛仪式里，媒介将那些无法出现在看台的球迷与那些身处赛场的观众放置于同样的时空以及共同的情感语境之中，由此形成了一种基于观赛需求的临时性情感共同体。而互联网赛事直播的出现，则更是赋予了媒介观赛仪式新的意义，篮球迷在线上篮球社区或是篮球视频门户网站共同观看赛事直播，并同步、即时分享其观点与体验的仪式，既是"媒介观看的仪式"，同样也是"互动参与的仪式"。这种虚拟情境下"同时在场"的互动仪式，为篮球迷个体提供了共享的心理体验，使其萌生出一种基于情感共鸣的认同感。

对于篮球迷而言，实时观看赛事直播是最具仪式感的事件，而这种仪式感则来自篮球迷在观赛前、观赛中以及观赛后，基于不同情景的篮球赛事文本所展开的交流与互动。篮球赛事竞技对抗的特征，使得比赛的结果充满着不确定性，且直至比赛结束才能分出输赢，而这恰恰也是竞技体育观赏的魅力所在①。

首先，由于比赛时间早已固定，在各大篮球迷社区中会有楼主发布赛前讨论帖，就比赛双方情况展开讨论与交流。例如，用户"腾讯网友"在其所发帖子"NBA前瞻：黄蜂vs老鹰"中，就比赛双方球队现状进行了详细分析，并预测了双方首发阵容："老鹰：亨特、加里纳利、卡佩拉、许尔特、特雷杨；黄蜂：布里奇斯、华盛顿、普拉姆利、罗齐尔、鲍尔"；用户"安西教练呀"在虎扑社区发帖就NBA季后赛对阵结果进行了预测："预测比分大概率4:1（其实内心想法是3:0开局，第四场看放不放）这轮比赛的目标是磨合提升，丰富战术，尽快结束战斗"②；用户"乔治·小卡"在腾讯NBA社区发帖写道："我预测，如果明天快船能赢下鹈鹕，那么莱昂纳德铁定会在季后赛第一轮中强势复出。各位看官，信不信？你觉得呢？"；"千金"：回复乔治·小卡："相信你的这个预测，我觉得快船是肯定会拿下来"②等。这种观赛前的讨论与互动是个体篮球迷出于找寻"同好"的心理诉求，选择以组织和参与赛前讨论帖的方式来获得认同感

①腾讯社区，热议NBA[EB/OL].(2022-05-13)[2022-06-15].https://fans.sports.qq.com/post.htm?id=1732670137593495806&mid=69#1_allWithElite.
②虎扑社区，篮网专区.比赛复盘，未战先怯，输湖人是真的不应该[EB/OL].(2022-01-26)[2022-06-15].https://bbs.hupu.com/48717000.html.

与归属感的仪式性行为。篮球迷个体通过对支持的迷客体表达情感，能够让迷群中其他成员感知到他们的情感偏向，当这种情感与该迷群集体情感相一致时，群体认同与情感共鸣便会进一步被强化。除了赛前预测讨论之外，篮球迷还会在临近比赛时通过象征性的"评论区占座"行为来进行交流互动。如图5.11所示，在篮球赛事直播贴中，比赛尚未开始时球迷便会通过"前排占座"来凸显自己的存在感，参与网络赛事直播的互动之中，其目的则是营造一种球迷共同等待和期盼精彩比赛的气氛，犹如盛大仪式开始前的等待状态，此时此刻，一种想象性的在场感油然而生，并在比赛打响的那一刻得到了心灵上的满足。

图5.10 篮球迷赛前仪式行为图

其次，在观赛过程之中球迷会通过在评论区留言的方式传递情感体验。例如，用户"胜负值都能黑"发帖写道："第四节开场76人连续被热火抢断两个，里弗斯急忙叫了暂停，球员走回替补席，里弗斯猛着鼓掌，这是什么迷惑行为，卧底吗？"[1]用户"科比老球迷"发帖说道："第三节的76人在干什么，攻不进守不住，为什么变成了马克西去拿球组织，哈登在散步。老里这是什么战术？"小杨回复科比老球迷："真的看不懂数字队了"，Superman回复科比老球迷："论教练的重要性，有时候真不怪球员……"在观赛过程中，篮球迷会在其认为的比赛关键节点，例如，出现影响比赛胜负的转折点时，针对比赛实时战况进行观点的分享以及情感体验的表达与互动，以此来寻找共鸣。这种在网络社区中的实时观赛讨论，为篮球迷群体内情感连接的产生提供了可能。而这种将观赛仪式与社会互动相结合的方式，不仅强化了篮球迷个体对于迷客体的情感依恋程度，同时还将个体迷的情感能量转化为了迷群凝聚力。

---

[1]虎扑社区，篮网专区.比赛复盘，未战先怯，输湖人是真的不应该[EB/OL].(2022-01-26)[2022-06-15].https://bbs.hupu.com/48717000.html.

此外，在比赛结束之后，还有球迷会对比赛过程进行复盘和回顾，以此来与其他篮球迷进行互动。例如用户"萝卜撕皮儿"发帖写道："单纯复盘今天的这场比赛，成王败寇，确实是网队输掉了，但是这场比赛输得很不应该。未战先怯可能就是本场比赛角色球员的最根本表现……单纯说一下比赛数据，篮板数相差21板 对比出手数 问题出在哪里 今天但凡多一个敢打敢拼的球员站出来，少点失误，多中点罚球，结果我感觉都会不一样，这场是真的能赢的比赛！"；"莫名其妙的封锁"回复道："阿德打不了詹姆斯，詹姆斯这种体型对这种老年技术型内线就是打不动的体型。""辣针的牛批"回复道："87—94的时候，篮网这里已经没人能得分了。然后老詹一发力，拉开到13分基本比赛就结束了。"这种类型的复盘贴通常都会引起球迷间的情感共鸣，篮球迷赛后互动行为旨在延续观赛仪式感，犹如我们参加盛大仪式活动的闭幕式环节，当比赛结束时意犹未尽或者留有遗憾的球迷们将自己的观赛体验和内心所想与他人进行共享，通过产生共鸣来获得一种情感上的慰藉，获得更多的情感支持与反馈。

篮球迷文化中的互动仪式现已深入球迷的媒介观赛语境之中，成为其建构群体认同的重要手段。篮球迷群在网络空间里所进行的这种互动仪式，实则是以一种象征性姿态和行为表征来给予仪式参与者（篮球迷个体）情感上的满足或慰藉。就本质而言，这种互动仪式可被视作一种"虚拟性展演"。其中，网络虚拟社区则是仪式举办的空间场域。篮球迷作为仪式参与者则借助想象的力量在虚拟的网络空间里与迷客体建立起情感上的联系，并通过与其他迷群成员进行相似的仪式行为来建立"意义"。这种互动仪式对篮球迷而言既是一种自我表征，同时也是一种社会展演。在网络空间里，借助文字、图景、话语、影像，篮球迷之间通过互动仪式能很轻易地找到与自己相类似的观点、情绪、体验，因此也就相对容易能够引发与迷群内其他相似成员间的情感共振，并进一步强化其群体认同。此外，在这种仪式中，不仅"某支球队或某个球星的支持者"这一身份的群体认同得到了加强，"在虚拟社区一起互动的某球队或某球星支持者"这一更小范围的身份认同也会因互动仪式而产生。

三、篮球迷群的集体记忆

阿尔弗雷德·格罗塞认为，身份来自过去的记忆及其留在身体与意识中的痕迹，人们每一次回忆都参与了身份的建构①。在此意义上，对自我以及自身

①阿尔弗雷德·格罗塞身份认同的困境[M]. 王鲲，译.北京：社会科学文献出版社，2010：33.

所属群体的过去的感知和诠释，则成为人们建构身份认同图景的重要素材。对于任一族群而言，共同的集体记忆对其群体的凝聚与认同都是十分重要的。一方面，群体认同是人们集体记忆的前提，它预设了人们建构集体记忆的意义框架。而另一方面，群体认同也是集体记忆的结果，人们建构集体记忆并强化了其群体的认同。换言之，如果我们将认同视为涵盖了人们的过去、现在与未来的时间性问题，那么集体记忆便是"我们从何而来"这一问题的答案，并且为"我们是谁"以及"我们要去哪儿"提供相对应的方向。

认同不是天然存在而是建构出来的，集体记忆则是认同建构的主要来源。对于篮球迷而言，他们的集体记忆更多是对于迷客体的共同情感。著者通过参与式观察与访谈发现，篮球迷群中集体记忆的建构主要从"关于起源的集体记忆"和"关于辉煌历史的集体记忆"两个方面予以展开。

（一）关于起源的集体记忆

对任意群体集体记忆而言，与起源相关的记忆都是其核心所在。对篮球迷来说，篮球迷群的情感根源并非传统的宗族或血脉相连之情，而是篮球迷对于自身与迷客体关系的梳理与回顾。因此，关于篮球迷与迷客体关系起源的回溯则显得尤为重要。在网络篮球迷社区，"第一次看NBA，第一次看CBA，第一次看某某球星或球队的比赛"则是篮球迷最为热衷的话题之一。

用户"第八号茅坑"在虎扑发起了讨论帖"你第一次看NBA比赛，如今还有什么记忆吗？"并在文中讲述了自己的部分记忆："记得有一场比赛，麦迪快攻扣空篮，没跳起来扣在了篮脖子上，替补席的阿泰斯特笑疯了。"此帖一经发布便引起了篮球迷的热烈讨论：

PandaQQQ：我小时候我爸看球，我就跟着他看，我爸说火箭队姚明是中国人，就开始看了，然后发现麦迪打球真帅，大姚真牛……

空间型大前锋乔哈里斯：14—15赛季那年我10岁，从西决火勇开始看，刚看就喜欢上登子了。

PhillyN01：第一次看就是班上放乔丹绝杀爵士。

登密666：第一次，15年季后赛火箭打勇士第二场，记忆犹新，最后时刻登哥被挤球失误，错失了比赛，到现在看球六年了，依然喜欢登哥。

这种探讨如何开始与迷客体建立联系的第一次记忆的帖子在网络篮球迷社区屡见不鲜,其中,与迷客体缘分起源的自我表述和群体互动一直都是篮球迷最喜闻乐见的呈现方式。有球迷这样形容:

> 不管是在线上社区还是线下面对面交流,一般情况下第一次聊天都会交流下自己是怎么成为篮球迷的,比如说"你是什么时候开始接触篮球的","看的第一场比赛是哪个队的","对哪个球星哪场比赛印象深刻"之类的,这样很快就能熟络起来,不至于没有话题可聊,而且一旦俩人产生了共鸣,就像找到了知音,找到了组织一样,马上就有了说不完的话题。(F5,27岁,医生)。

在某种意义上而言,对于自己与迷客体关系如何建立的自我描述,是个体篮球迷进入该迷群的"敲门砖"。通过这一方式,个体篮球迷能够迅速被该迷群内的其他成员视为"自己人",从而顺利进入该迷群体内部。总而言之,篮球迷通过回顾和表述自己与迷客体建立联系的这种起源记忆,赋予这种记忆某种共同的意义来形成一种迷群的凝聚感,这不仅增强了个体迷对于群体的认同,同时通过群体认同的情感反馈又强化了个体的自我认同。

(二)关于辉煌历史的集体记忆

群体认同来自共同的起源以及发展,对于篮球这种竞技对抗性运动项目而言,比赛日当天,蹲守在大屏幕前的媒介球迷与奔赴球场的篮球迷一样,犹如集结的部落勇士,聚集在篮球竞技场,按照仪式般的节奏鼓掌与呐喊,呼唤着他们支持的球队或球星的名字。球迷们和赛场上的球员一起共同经历胜利与失败,共享荣誉或苦楚,其中围绕诸如夺取总冠军、获得历史性地位等重要事件而引发的迷群光荣的集体记忆,则赋予了篮球迷更好的迷群体验,成为其群体归属感与认同感的重要来源,以及维持迷群边界和强化迷群认同的关键所在。因此,篮球迷也就热衷于通过重述或追忆昔日的荣光,来塑造出一种同根同源的共同体命运联系。

对于篮球迷而言,他们所支持的球队或者球星夺取总冠军的高光时刻,无疑是其集体记忆建构的焦点。用户"虎扑JR1052796838"在虎扑社区发帖写道:

> 时隔多年,再度回忆起当初的那支骑士队依然心生敬意,总决赛前4场

的结果似乎是对骑士战略的嘲讽,他们以1:3大比分落后了,要知道在总决赛历史上从未有过1:3逆转,这几乎等于总决赛已经结束了。而就在这时,卢指导在更衣室说出了这样一番经典的话:在我们的生命里,有两个最重要的时刻,一个是你的出生,另一个是你知道为何而生,我认为我们就是为冠军而生的。于是,谁也没有想到的事情发生了,骑士最终战胜勇士,一段必将载入史册的历史诞生了,詹姆斯兑现了他的诺言,为克里夫兰为骑士带来了历史上的第一尊总冠军,一尊最神奇最独特的总冠军。

同样作为骑士队球迷的用户"wink"在腾讯体育社区发帖这样描述:

> 2022年的五一假期,还是学生时代的最后时光,我坐在老家房间的木桌前,面对堆满屏幕的毕设文件,看着手机中弹出的各种消息,还有能触碰到皮肤的晚风,才发现我还没准备好迎接这个夏天的到来,便要与很多的不舍做个潦草的告别。16年的夏天,骑勇大战的高潮来临。很庆幸,骑勇大战贯穿了我的青春。能亲眼见证一次次的决赛相遇,唯有知足。那时候是高中二年级,当总决赛比分来到1:3的时候,当所有人都以为勇士稳了,然后不可思议的逆转,真的1:3翻盘了(注:发帖者支持的骑士队逆转夺冠)。后来的电视上,我努力去记着关于抢七的各种细节,想要去了解究竟发生了什么。詹姆斯对一哥的追身大帽,欧文迎着库里的夺命三分,赛后喜极而泣的老詹那句:Cleveland, this is for you !太多太多的经典时刻,在那时的球场上肆意回味。系列赛的集锦,后来的我不知看了多少遍。

篮球迷正是出于这种对迷客体强烈的情感,因而赋予了其迷客体所取得成就以更加辉煌的历史意义,以此再一次加深他们与偶像之间的羁绊。在对集体记忆进行书写的过程中,篮球迷通过对迷客体荣光历史的娓娓道来,间接赋予了群体成员更高自我成就的体验感,这同样也是激发其群体共鸣、凝聚群体认同的关键元素。

总之,记忆对人们来说是一个对过去进行确认、筛选以及想象性创造的过程,并通过文本得以言说与描述。对于篮球迷而言,集体记忆则是迷群成员在

---

① 虎扑社区,湿乎乎的话题.关于15-16赛季骑士的回忆[EB/OL].(2021-09-05)[2022-06-17].https://bbs.hupu.com/45365346.html.

互动过程中基于某种意义体系所展开的表征实践。篮球迷通过建构一个共享的"过去"来建立一种群体认同，并通过书写集体记忆的方式来强化作为迷群成员的归属感与认同感。通过对篮球迷溯源和荣光记忆的文本进行梳理发现，充满个人情感的回忆是其言说和描述的主要方式。其中，对自己如何成为篮球迷或某一球星、球队粉丝的回忆性表述，可以被视为是迷认同的起点以及进入迷群的重要前提和维系迷群成员间认同的纽带。而对迷客体高光时刻的记忆则是迷群产生共鸣并强化认同的重要情感元素。从第一次观看篮球赛事、第一次接触到偶像，到与迷客体一同经历过的风风雨雨，篮球迷在这种记忆中获得了一种心理上的满足。在这一过程中，迷认同的建构、迷成员间的共鸣、迷客体对迷的影响以及迷群成员对于共同信念的坚守，构筑起篮球迷群的集体记忆的架构，并由此建立了一个基于想象中的共同体。

第四节　球迷群的"展演"：群体认同建构的重要环节

社会心理学的观点认为，人具有社会性，往往会依据从"他者"那里获取到的对自我的评价和反射，来不断建构自我认同。朗赫斯特与阿伯克龙比将这一观点引入到了迷研究领域之中，指出迷往往会基于外界对自我认知的想象来进行展演，以形塑一个理想自我，并以此来获得他者的认同，最终实现对自我的肯定与认可。那么，在此意义上，对于由迷个体聚合而成的迷群体而言，"迷群的展演"对于该迷群体认同的建构则同样有着十分重要的作用。对篮球迷而言，个体球迷在虎扑社区、百度贴吧、腾讯体育社区或是其他网络平台中以个人为单位所进行的自我呈现，均可被看作是一种个体迷的展演；相应的，以篮球迷群体为单位所进行的具有组织性、统一性、互动性的实践行为，则应该被视为是一种迷群的展演。个体迷展演与群体迷展演之间是一种相互关联、不可分割的关系，迷群体的展演多是由不同的迷个体的展演所组合而成的，区别则是迷的群体展演更具统一性。

在当今媒介化的社会，篮球迷群的展演形式主要是线下与线上相结合的球迷应援。应援文化在世界顶级赛场上盛行已久，例如冰岛球迷的维京战吼、巴西球迷的桑巴热舞、日本球迷的热血应援等，都曾给观众们留下了深刻的印象。作为当代迷文化中重要一环的"应援",其本义为"声援"和"助威"。如图5.12所示,在篮球赛事中,粉丝身着统一的服装,用整齐一致的加油声和肢体动作来为支持的明星或俱乐部呐喊助威,则是篮球迷最为普遍的应援方式。应援文化超越了篮球迷的个体界限,并展现出篮球迷群所具有的组织化、专业化以及规模化特点。聚集在比赛现场的篮球迷挥舞着专属的应援条幅,有节奏地敲击着气棒等应援物,呼喊着整齐划一的应援口号,呈现出不亚于舞台表演的看台文化景观。应援物品之中,主场配色服饰和球星球衣无疑是彰显篮球迷专属身份的典型代表,作为一种极富符号代表性的迷文化商品,它不仅彰显了篮球迷群专属的身份,同时也构成了当代篮球迷文化重要的消费图景。

图5.11 篮球迷现场应援图

与此同时,慈善应援也成为近年来另外一种较为流行的应援方式。慈善应援,即以迷客体的名义所发起的线上或线下的慈善性应援活动。例如,虎扑社区官方发起的"小小英雄公益挑战"活动,以"用篮球运动精神传递前进的正能量"的名义,号召虎扑社区内的篮球迷通过在指定的媒体平台发布其投篮、街头篮球、篮球趣味走秀等视频来获得积分,当积分累计达到规定值时,虎扑便会向偏远山区捐赠指定物资。活动一经发出,便受到广大篮球迷的大力支持。篮球迷群通过这种慈善应援的方式,借助想象的力量与迷客体建立起了一种亲密联系,在让自身获得心灵满足的同时,还塑造出了迷客体和迷群双方的社会正面形象。篮球迷这种特殊的慈善帮助行为,不仅通过社会赞同使助人者获得了积极自尊,同时使得助人者彰显了自身的存在感,强化了作为篮球迷的认同。

此外,为各自支持的球队或球星线上助力、打榜也是篮球迷群应援的主要方式之一。如图5.14所示,虎扑社区发起的"投票绘制'虎扑NBA冠军支持率地图',看看最专业的球迷都支持谁?"的活动,为广大志同道合的篮球迷提供了一个支持自己迷客体的线上通道。相较于上述的慈善应援,这种单纯线上

助力的应援方式更具日常化与个体化，且对参与群体的精力损耗较小。但是需
要指出的是，篮球迷群的这种应援活动并非个体篮球迷无意识的聚合，篮球迷
在应援过程中涉及了迷群的分工与协作、组织与行动等各个方面。在大多数情
况下，篮球迷群的应援行为往往在最开始阶段是由该迷群中的部分代表来发起
倡导，然后其他自愿参与的迷群内成员积极响应，并借此扩散开来。

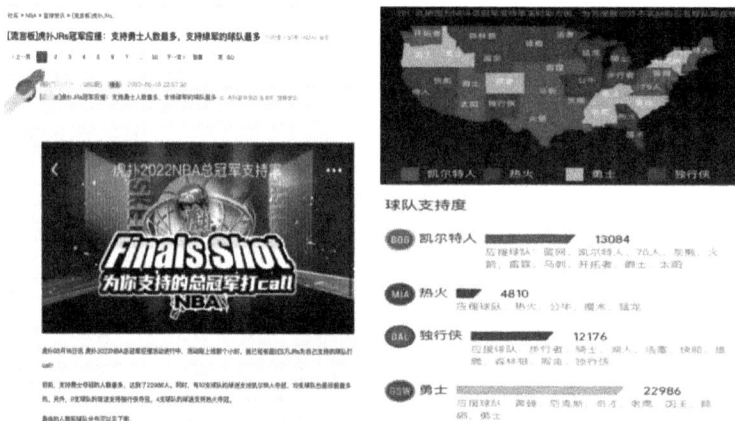

图 5.12　虎扑球迷助力图

　　总之，各种各样的应援活动是篮球迷最为主要的群体认同实践方式，同时
也是篮球迷展示自我、彰显其群体身份的重要表演形式。在互联网场域内，篮
球迷短时间内聚集于虚拟社区之中各司其职，在尽情享受赛事狂欢的同时，也
为其他人呈现了一幕幕生动的表演。当篮球迷出现在赛场看台加油助威的那一
刻，或是在网上虚拟社区与微博平台展开各种应援活动时，无论是对篮球迷群
体自身还是其他人来说，展演就已经开始了。与体育产业相关的从业人员、关
注偶像的其他迷群成员，抑或是从比赛场外经过的路人、从大众媒介看到相关
赛事文本的读者等，每一个能够看到篮球迷群的个体都是其迷群展演的受众。
换言之，当人们作为迷群出现的那一刻起，他们的展演就已然拉开了帷幕。此外，
篮球迷群成员在虚拟社群中的交流与互动本身也是迷群一种重要的展演形式。
篮球迷群内部成员间对迷客体文本的解读性交流、文本再创造等，不仅提升了
篮球迷自身的意义，同时也向迷群外的他者提供了一个群体能力展演的机会，
并以此来获得社会赞赏与认可的情感体验。这种迷群内部的互动交流提供了单
靠迷个体可能无法获得的阐释性资源，篮球迷群成员正是通过群内互动建立起
个性，并获得了归属与认同。

在前文中，著者已经阐述过篮球迷的展演对自我认同建构的重要性，即篮球迷个体基于自恋的自我投射与想象，建构起对球星偶像的认同，并幻想与偶像建立了亲密的联系，继而通过借助大众媒介进行展演，来最终确立作为篮球迷的认同。同样的，篮球迷群的展演则是建构篮球迷"群体认同"的重要一环，它以群体性视角形塑乃至重构了篮球迷个体对于自我的认知，并通过强化篮球迷群内成员间的情感联系与认同，以此建构出一个想象性的趣缘共同体。一方面，个体篮球迷将自我放置于想象性的以篮球相关内容为对象的趣缘迷群部落之中，继而通过群体内的交流与互动来想象这一趣缘共同体内其他成员的看法，以此来展开对自我的形塑；而另一方面，个体篮球迷则将自我与篮球迷群等同，像注重自我风格那样来想象社会对整个篮球迷群的看法，并尝试维护或营造一种积极的社会评价。借助这种想象与实践行为的共同进行，个体篮球迷最终得以融入群体，不断形塑一个理想型自我，从而实现主我与客我的统一。如同此前所讨论的那样，篮球迷群这种想象中的共同体融合可能会出现两种结果：其一，个体作为篮球迷的自我认同感不断被强化，同时群体归属感也随之提升，个体完全融入群体之中；其二，篮球迷个体未能在群体中得到自己所期待或预设的肯定与认可，导致其自我认同感持续受挫，迷个体开始逐渐与迷群体脱落，最终个体篮球迷选择退出该篮球迷群。但需要明确的是，无论出现上述何种情况，篮球迷群所建构的意义体系都有其存在的意义。

第五节　篮球迷群的文化认同碰撞

中国篮球迷所迷恋的篮球运动起源于美国，其承载的美国文化与中国本土文化之间存在着一定的差异。美国篮球文化借由美国职业篮球联赛全球化推广之势，不断与中国本土的传统文化产生交流与碰撞。而国内篮球迷接受美国篮球文化的过程实则是一个跨文化传播的过程，其中各种网络虚拟社区和信息传播媒介则是这种跨文化传播在全球范围内得以实现的重要驱动。

文化认同通常被视作是个人或群体界定自我、区别他者，以同一感凝聚成拥有共同文化内涵的群体的标志，是人们对共有文化身份的感知与肯定。建构文化认同的心理机制包括文化的比较、归类、辨识与定位这四个基本过程。而文化认同在对个人的自我认同与社会身份认同产生影响的同时，则以民族文化为凝聚力识别和整合多元文化中的人类群体，从而建构出文化群体[①]。对于篮球迷群而言，文化认同中的价值观则是其最为核心的内容。

文化价值观是一个民族、一个国家文化的总体呈现，是民族认同和国家认同的精神内核，同样也是我们分辨个人言行的标准与思想观念。对于美国的文化价值观，不同的学者有着不同的观点与归纳，但究其基本内涵而言，则主要包括了强调个人、自由精神、功利主义、人权观等重要方面，其中，个人主义是美国文化的核心。

在美国文化中，个人利益是至高无上的，一切价值、权利和义务都来源于个人。美国文化中的这种个人主义在篮球运动中得到了很好的体现，个人英雄主义一直以来都是备受美国篮球文化推崇的价值观念，在NBA的比赛中，关键时刻的战术安排则很好地呈现了这一观念。喜欢观看NBA的球迷不难发现，几乎所有比赛的关键一投都是由球队中公认的超级英雄或领袖人物来完成的，这是美国篮球文化所推崇的行为方式。美国民众崇尚英雄主义，美国篮球文化同样需要英雄主义。这种个人主义式的价值观与中国传统文化中以群体取向为基础的集体主义价值观截然不同。后者注重维护群体利益，表现为群体取向以及他者取向。在群体取向影响下，提倡凡事以国家、社会、集体利益为重，个人利益应该融入集体利益，必要时可以忽略或牺牲个人利益。群体取向进一步延伸就变成他者取向，表现为在做事情时首先考虑他人怎么看、怎么说。[②]

著者通过参与式观察和深度访谈发现，国内大多数的篮球迷对于美国篮球所推崇的个人主义价值观表现出了高度的认同。有球迷这么形容："看NBA最刺激的就是看到自己的偶像掌控比赛生死的那一刻，太有责任感、太有男子英雄气概了，这就是篮球的魅力吧。"当自己崇拜的球星拿到华丽的数据或者关键时刻拯救了球队时，篮球迷便会在网络社区发帖，向他人展示，例如"白话体育"在虎扑发帖写道：

> 这种攻防一体自带体系的球员已经坐稳了联盟第一把座椅，不管你是否喜欢这样的球员，他确实是如此真实的存在。像字母今天这种个人主义的极致表现让我想起了90年代的乔丹、2000年的科比、过去10年的詹姆斯，靠着

①陈世联.文化认同、文化和谐与社会和谐[J].西南民族大学学报(人文社科版)，2006(03)：117-121.
②邓红.中国传统文化与美国社会文化基本价值观之比较[J].湖北大学学报(哲学社会科学版)，2007(03)：82-84.

一己之力把球队扛在肩上，现在的字母就像是其他球员的梦魇，而他的雄鹿更是其他球队都很难逾越的大山。①

从篮球迷文本的字里行间里不难看出，美国篮球文化中的个人英雄主义已深受国内篮球迷的认可与追捧。但是另一方面，深受中国传统文化影响的当代个体，在面对这种外来文化的冲击时，也会加入自己的诠释与创造。在访谈中，有球迷这么描述：

> 我喜欢看美职篮，也喜欢看CBA，在看比赛时也能感受到中美篮球文化的不同，美国篮球强调个人能力，中国篮球则注重集体配合。但是在我看来，极致的个人主义和极致的集体主义都是不可取的。作为一名基层篮球教练，有时就在想，这两者之间是不是能有一种平衡的方式，这样一来就能达到更佳的实战效果。这也是我教学和带队训练中不断思考的东西。（F6，28岁，篮球教练）

然而，在文化的传播过程中，不仅有交融同时也存在着冲突与对抗。一直以来，"国族"（即国家和民族）身份都是个体身份之中一个非常重要的社会维度，同时也是人们在现实世界中不容忽视的一种共同体想象。顾名思义，就表面而言，"国家"与"民族"通过其历史、疆域以及领土，为守护之下的人群提供了一种身份上的意识形态。但是就实际而言，国家与族群的认同最早实则是基于同一文化的一种想象性建构，然后经由一系列政治以及社会手段对其进行强化并最终予以确定的。换言之，对共享文化的信任与诠释是构成群体的关键要素，与此同时，文化也是个体自我形塑过程中不可忽视的重要影响因素。因而，在此意义上，对网络篮球迷社区的社会认同本质上与国族认同并无太大的区别，因为二者都是基于对某种共享文化的认同所予以建构的。但是事实上，在网络篮球迷群文化的跨文化传播过程之中，民族认同和国家认同与迷客体中所凝结的篮球文化认同之间的关系则构成了其最重要的内容。尤其是在特定的历史时刻，例如涉及国家和民族利益时，极可能会导致篮球迷群自身认同的矛盾甚至对立。

对于我国网络篮球迷群而言，中美之间的关系直接影响着篮球迷群成员的

---

① 虎扑社区，湿乎乎的话题.个人主义的极致表演，...[EB/OL].(2022-05-08)[2022-06-20].https：//bbs.hupu.com/53530558.html.

"迷认同"和"国族认同"之间的关系。以篮球领域内的"莫雷事件"为例，2019年10月，时任NBA火箭队总经理的莫雷因在社交媒体发布不当涉华言论引发国际社会关注。随着舆论的不断发酵，国内开始暂停对NBA比赛的转播，这一事件在篮球迷群中引发了广泛的讨论。"国家面前无偶像"一直以来都是中国网民宣扬的口号，对于大多数中国篮球迷而言，迷认同是无法与国族认同相提并论的。该事件发生后，不少球迷就表示了要脱离"NBA迷"的身份。如用户"kriss丶羽汐"在虎扑发帖"再见了詹威，再见了火箭，国家面前无偶像"；虎扑平台也发布了"暂停火箭队文字直播、新闻报道及锁定火箭专区"的公告，随后更是在NBA论坛创建了"莫雷事件专区"，并且在该板块的介绍声明中表明"这是我们对NBA相关人士发表错误言论的抵制"。截至2019年10月20日，该专区累计1957个相关专题，共计56230条回复，其中部分专题单个的浏览量甚至超过300万[①]。在"国家面前无偶像"的追星认知下，国内网络篮球迷群成员的政治敏感度日益提高。"偶像"一旦做出任何有可能伤害篮球迷民族情感的举动，都可能引起大规模脱粉。

在当今这样一个不断融合、碰撞、竞争的世界格局之下，保持自我的国族性则是全球化的必要前提，任何个体都需要从国家、民族、历史以及传统之中去寻找自我得以形成并确立的根基。

虽然在全球化以及网络化浪潮之下，传统认同正在不断受到前所未有的挑战与冲击，然而，这种国族认同仍然是当代主体得以安身立命、建立社会关系网络的重要根基。对于网络空间篮球迷的球迷文化认同而言，它的稳定性与持久性仍然比不上国族认同以及地方性认同或区域性认同。就本质而言，莫雷事件引起的关于"言论自由"与"国家主权"的观点的对抗，其背后凸显的是中美文化价值观的碰撞。但是，当迷认同与国族认同产生碰撞时，篮球迷对迷客体的情感则往往会让位于基于国族身份认同所形成的国族情感，正如球迷们所言"国家荣辱永远大于个人偏好。"

总体而言，尽管身处跨文化传播过程中的中国篮球迷群接受的多为承载美国价值观的篮球文化，但是需要指出的是，面对起源于美国的篮球文化中的价值观因素，中国篮球迷在作为文化群体的建构过程中却表现出了接受与抵抗的两面性：一方面，中国篮球迷群出于体育的竞技性与对抗性特征，会对美国篮

---

①王真真，张大超.体育突发事件中我国网民的情感选择和社会动员：以莫雷事件为例[J].武汉体育学院学报，2020，54(05)：41-47+69.

球文化中的如"个人英雄主义"产生积极认同；而另一方面，当中国篮球迷群面临国家和民族利益受损时，他们便会一反之前对美国篮球文化中诸如个人主义、自由主义等价值观的认可转而将矛头直指美国文化。这一刻，中国传统文化中的集体取向、民族取向以及国家取向成为篮球迷群文化认同的核心所在。

第六章
结论与建议

第一节　结论

　　"自恋—想象—展演"路径是网络空间中国篮球迷自我认同建构的重要机制。当代主体基于偶像崇拜行为建构其作为"篮球迷"的身份，实则是一种基于"自恋"心理，将真实自我与理想自我在互联网场域内建立起关联，通过自我反思、自我投射与"想象"，建构起对迷客体的认同，并"幻想"与迷客体建立了亲密联系，继而通过使用媒介进行文本的解读与再生产、符号消费等"展演"，最终确立作为篮球迷的认同，以此来实现形塑自我、建构自我的过程。其中，"媒介"是篮球迷自我认同建构的基础，"自恋"与"展演"是篮球迷自我认同建构的起点与终点，而"想象"则是篮球迷自我认同建构的重要驱动力。展演与自恋、想象一同构成了一个完整的圆环，从延伸的自我、投射的自我到形塑的自我、理想的自我再到展演的自我、呈现的自我，从直面心理的诉求到获取想象的资源再到进行文化的实践，篮球迷以此来不断地塑造和建构自己作为迷的身份，同时也在不断地创造属于自己的篮球迷文化。自恋、想象与展演三者不可分割，统一于篮球迷的认同建构循环之中。

　　网络空间中国篮球迷的群体认同是以自我认同为前提，但是篮球迷的自我认同却并不必然导致其迷群认同。建立起自我认同的个体篮球迷，出于寻求相似他者的情感支持与肯定的心理动机，会找寻并加入群体，以此来建立起一个"主客体统一"的身份认同，不断强化作为篮球迷的归属感与认同感。此时，以趣缘和基于对共同迷客体的强烈情感所形成的网络篮球迷社区，则为篮球迷提供了一个可以自由表达、分享互动，继而产生共鸣、形成群体认同的理想场域。如果在这一过程中，个体篮球迷能对该迷群产生文化认同与情感共鸣，那么，群体认同就得到了初步的建立。反之，该篮球迷则会退回到个体性的迷认同，之后也不会再尝试与迷群建立起关联。

"自我范畴化"和"差异性比较"是网络空间里中国篮球迷构建内群体偏好和划分外群体边界的心理基础，同时也是导致处于不同立场的篮球迷之间，以及篮球迷群与非篮球迷群之间，在当代认同过程中产生冲突、对抗的主要诱因。初步建立起迷群认同的篮球迷，会通过自我归类以及社会范畴化建构出一种"我们"的群体内认同，并产生一种倾向于给予"我群"和"我们所崇拜的迷客体"更高和更积极评价的群体偏好。与此同时，还会通过"差异性"进行边界划分和社会比较，通过建构出"他们"以及凸显"他们"与"我们"之间的差别，从而更加清晰地辨识与界定自我，强化群内成员对迷群的归属感与认同感。

"自恋""想象""展演"在网络空间里中国篮球迷的群体认同过程中，以自我偏向性、共同体想象以及迷文化实践的形式发挥其群体认同作用。其中，基于"自恋"心理对与自己"相似"他者的偏爱，是篮球迷建构群体认同的归因。而以互动仪式和集体记忆为基底的"共同体想象"，则是篮球迷群体身份认同与情感体验的重要源泉。通过多种仪式互动以及集体记忆的建构，篮球迷群成员之间达成了身份认知上的统一以及情感上的共识，并由此强化了个体篮球迷对于想象性"我们"的认同与归属，自我认同与群体认同得以不断增强。最后通过球迷应援这一迷文化实践的"展演"方式，篮球迷群最终完成了群体认同的建构。其中，作为自我认同建构与群体认同建构的最后一环，篮球迷的"展演"形塑乃至重塑了篮球迷对于自我的认知，实现了"主我"与"客我"的统一。

网络空间里中国篮球迷的文化认同具有"接受"与"抵抗"两面性。国内篮球迷接受并认同美国篮球文化的过程，实则是一个跨文化传播的过程。民族认同、国家认同以及在迷客体中所凝结的篮球文化认同之间的关系，构成了其最重要的内容。面对起源于美国篮球文化中的价值观因素，中国篮球迷在作为文化群体的建构过程中，表现出了接受与抵抗的两面：一方面，中国篮球迷群出于对体育竞技性与对抗性特质的向往，会对美国篮球文化中的"个人英雄主义"产生积极认同；另一方面，当中国篮球迷群面临国家和民族利益受损时，他们便会一反之前对美国篮球文化中"个人主义""自由主义"等价值观的认可，转而将矛头直指美国文化。此时，中国传统文化中的集体取向、民族取向以及国家取向，成为篮球迷群文化认同的核心所在。对于网络空间里中国篮球迷的球迷文化认同而言，它的稳定性与持久性仍然比不上国族认同、地方性认同以及区域性认同。

第二节 建 议

本研究在对网络空间里中国篮球迷群的身份认同建构过程进行分析时发现，竞技体育项目的对抗性特征，使得篮球迷群成员在建构其个人和群体认同时，会出现因对文本内容的不同解读，导致处于不同立场的篮球迷之间，以及篮球迷群与其他非篮球迷群之间发生激烈冲突的情况。由此产生的诸如互撕谩骂、拉踩引战、制造话题等一系列篮球迷文化乱象，给当今社会发展带来了一定的负面影响。为了能在一定程度上消除篮球迷群体在认同建构过程中所带来的负面效应，本研究提出了以下几点建议。

面对篮球迷群体在身份认同建构过程中出现的一系列迷文化乱象，国家有关部门应通力合作，科学构建体育相关部门的现代化治理机制，多方合作净化网络环境，从源头上消除网络噪声，加强对篮球迷网络违法行为的惩治力度。一方面，体育主管部门应加强与各级立法机关的合作，针对网络篮球迷群体在偶像崇拜过程出现的失范行为，出台相关的法律法规，建立追责制度，加大对篮球迷网络违法行为的惩治力度；另一方面，体育主管部门应加强与各级网信部门的合作，强化对网络体育社交平台的管控。重点针对那些恶意发布虚假、不实网络篮球明星报道、发文蓄意煽动球迷网络对立且屡教不改的违规账号，予以限期责令整改和直接封号的方式进行严惩。

建议当前主流意识形态改善其与篮球迷文化沟通、融合的方式，借助数字化时代的网络新媒介特征，尊重当代主体追求多元文化价值、反对权威中心主义的迷文化特质，以自身的改良、变革来实现主流文化与迷文化的兼容并蓄。一方面，国家话语可以为当代篮球迷文化注入一种代表"国家形象元素"的主流意识形态的力量，引领篮球迷文化的内容生产方向。例如可以邀请为了国家荣誉奋力拼搏的中国女篮运动员登上大型综艺晚会的舞台，将晚会的节日色彩与国家提升民族凝聚力、认同感的主旋律进行有机结合。另一方面，国家主流媒体可以积极报道一些篮球迷群体正能量的偶像崇拜行为，树立一种篮球迷追星典范，以此来激发更多篮球迷的效仿，营造一个健康追星的文化环境。此外，国家主流媒体对篮球迷群体生产的优质文本内容，可以通过择优转发的认同方式，来激励篮球迷群体创作出更多高质量的体育迷文化文本。

建议各类体育社交媒体主动履行其平台管理责任。一方面，体育社交媒体可以制定并完善其平台内的网络篮球迷群的文本内容生产、交互以及传播的规则，对平台内有违规行为的篮球迷群进行整改和强制解散，以此来划定网络空间篮球迷文化的底线。另一方面，体育社交媒体应以正向引导和有效激励的方式，通过流量扶持和提供优质资源等手段，激活平台内处于代表地位的篮球迷的迷群管理动力，并定期对其开展网信法律法规培训，逐步提升其识别、化解篮球迷群内部失范行为的能力，推动其所属迷群健康发展。

第三节　对未来研究的展望

首先，本研究所采用的理论与框架大多源自西方受众研究和社会心理学的研究成果，因此对中国语境下体育迷的认同与文化实践可能存在理论阐释上的不足；其次，尽管在长达三年的参与式观察中，著者收集了大量的文本数据，但是鉴于数据本身的琐碎性以及个人对网络田野材料的把控力相对有限，导致了很多珍贵的材料没能得到全面的呈现，对此略显遗憾。最后，需要指出的是，本研究基于网络篮球迷所得出的结论有一定的适用边界，不同主题迷群之间巨大的亚文化差异，这决定了本研究针对篮球迷身份认同建构的阐释只是给出了当今体育迷文化的部分底层逻辑，还有很多需要深入分析的内容。

在本书撰写过程中，著者发现就中国语境下的体育迷研究而言，可以展开的空间还是很大的。首先，尽管著者已经简单分析了篮球迷群内部的等级与结构，认为篮球迷群的这种等级是与篮球迷的文化资本和社会资本密切相关的，但是，由这种"等级"所引发的篮球迷群内成员的交往，以及这个"等级"对成员关系的作用，则是一个值得深入研究的方向。其次，亚文化内部的效忠从属关系不仅有"同意谁"的意义，还包括"反对谁的"的意见。本研究是以身份认同作为切入点，探讨的是"体育迷文化"中的"同意"，因此，对"体育迷文化"中"反对"的深入挖掘是值得我们研究的方向。此外，本研究对于篮球迷的跨文化传播的阐释只是浅尝辄止，其背后可以研究的内容还有很多，例如政府对体育迷的跨文化传播产生了什么样的影响、如何发挥体育的文化交流作用、摆脱因价值取向差异所导致的文化冲突与矛盾、构建人类命运共同体等，未来著者想从这一方面进行一些深入的研究。

参考文献

专著类

[1]尼古拉·尼葛洛庞帝.数字化生存[M].胡泳，等译.北京：电子工业出版社，2017.

[2] 曼纽尔·卡斯特.网络社会的崛起[M].夏铸九，等译.北京：社会科学文献出版社，2006.

[3] 乔治·H.米德.心灵、自我与社会[M].赵月瑟，译.上海：上海译文出版社，2018.

[4] 李旭.当代中国文论话语主体建构与身份认同[M].北京：中国社会科学出版社，2018.

[5] 道格拉斯·凯尔纳.媒体文化：介于现代与后现代之间的文化研究、认同性与政治[M].丁宁，译.北京：商务印书馆，2013.

[6] 雪莉·特克.虚拟化身网络时代的身份认同[M].谭天，吴佳真，译.台北：远流出版事业股份有限公司，1998.

[7]陈霖.迷族：被神召唤的尘粒[M].苏州：苏州大学出版社，2013.

[8]姚建平.消费认同[M].北京：社会科学文献出版社，2006.

[9]路云亭.球迷人类学[M].上海：上海人民出版社，2020.

[10]赵勇.大众文化理论新编[M].北京：北京师范大学出版社，2011.

[11]丹尼斯·麦奎尔.受众分析[M].刘燕南，李颖，杨振荣，译.北京：中国人民大学出版社，2006.

[12]罗杰·迪金森，拉马斯瓦米·哈里德拉纳斯，奥尔加·林奈.受众研究读本[M].单波，译.北京：华夏出版社，2006.

[13]约翰·费斯克.理解大众文化[M].王晓钰，宋伟杰，译.北京：中央编译出版社，2001.

[14]约翰·菲斯克.电视文化[M].祁阿红，张鲲，译.北京：商务印书馆，2005.

[15]亨利·詹金斯.文本盗猎者：电视粉丝与参与式文化[M].郑熙青，译.北京：

北京大学出版社，2016.

[16]岳晓东.我是你的粉丝：透视青少年偶像崇拜[M].上海：上海人民出版社，2007.

[17] 张嫱.粉丝力量大[M].北京：中国人民大学出版社，2010.

[18] 文卫华.美剧迷群：媒介消费与认同建构[M].北京：中国传媒大学出版社，2017.

[19] 戴维·迈尔斯.社会心理学[M].侯玉波，乐国安，张智勇，等译.北京：人民邮电出版社，2014.

[20] 钟帆，刘艳，潘皙，等.形象文本研究：西方文化身份认同建构视域下的思考[M].成都：四川大学出版社，2018.

[21] 埃里克·H.埃里克森.同一性：青少年与危机[M].孙名之，译.杭州：浙江教育出版社，1998.

[22] 查尔斯·霍顿·库利.人类本性与社会秩序[M].包凡一，王湲，译.北京：华夏出版社，2020.

[23] 安东尼·吉登斯.现代性与自我认同[M].赵旭东，方文，译.北京：生活·读书·新知三联书店，1998.

[24] 阿雷恩·鲍尔德温，布莱恩·朗赫斯特，斯考特·麦克拉肯，等.文化研究导论[M].陶东风，等译.北京：高等教育出版社，2004.

[25] 梁希仪，孙保生.华夏篮球[M].北京：北京大学出版社，2020.

[26] 弗洛伊德.弗洛伊德谈自我意识[M].石磊，译.北京：中国商业出版社，2010.

[27] 马歇尔·麦克卢汉.理解媒介：论人的延伸[M].何道宽，译.南京：译林出版社，2011.

[28] 陈刚.大众文化与当代乌托邦[M].北京：作家出版社，1996.

[29] 岳晓东.追星与粉丝：青少年偶像崇拜探析[M].香港：香港城市大学出版社，2007.

[30] 福原泰平.拉康：镜像阶段[M].王小峰，李濯凡，译.石家庄：河北教育出版社，2002.

[31] 赵联飞.现代性与虚拟社区[M].北京：北京科学文献出版社，2012.

[32] 斐迪南·滕尼斯.共同体与社会[M].张巍卓，译.北京：商务印书馆，2019.

[33]本尼迪克特·安德森.想象的共同体：民族主义的起源与散布[M].吴叡人，译.上海：上海人民出版社，2005.

[34]柯林斯.互动仪式链[M].林聚任，译.北京：商务印书馆，2009.

外文类

[1] Henri Tajfel.Differentiation Between Social Groups:Studies in the Social Psychology of Intergroup Relations[M].London:Academic Press,1978.

[2]William W.Kelly.Fanning the Flames:Fans and Consumer Culture in Contemporary Japan[M].Albany:State University of New York Press, 2004:1-7.

[3]Michel de Certeau.The Practice of Everyday Life[M]. California:University of California Press,1988.

[4] Henry Jenkins.Convergence Culture:Where Old and New Media Collide[M]. New York:New York University Press,2006:3..

[5]Jonathan Gray,Cornel Sandvoss,C.Lee Harrington.Fandom: Identities and Communities in a Mediated World[M].New York:New York University Press,2007:3-7.

[6]Nicholas Abercrombie,Brian Longhurst.Audiences:A Sociological Theory of Performance and Imagination[M].London: Sage,1998:31-39.

[7] Matt Hills.Fun Cultures[M].London:Routledge,2002:37-45.

[8]Cheryl Harris,Alison Alexander.Theorizing Fandom:Fans, Subculture and Identity[M].New York:Hampton Press,1997:51.

[9]Wong J.,Lee C.,Long V.K.,et al.'Let's Go,Baby Forklift!':Fandom Governance and the Political Power of Cuteness in China[J].Social Media+ Society,2021,7(2).

[10] Jennifer Yurchisin,Kim K.P.Johnson.Fashion and the onsumer[M]. oxford:berg,2000.

[11] Bauman Z.Liquid Modernity(2nd ed.)[M].Cambridge:Polity Press,2012.

[12]Kuhn T.S.The Structure of Scientific Revolutions[M]. Chicago:University

of Chicago Press,2012.

[13]Baym,Nancy K.Tune In,Log On[M].London:Sage Publications, 1999.

[14]Kozinets R.V.Netnography:Doing Ethnographic Research Online [M].New York/London:Sage,2010.

[15]Carter D.Living in Virtual Communities:An Ethnography of Human Relationships in Cyberspace[J].Information,Community & Society,2005(2).

[16] Cavicchi D.Tramps Like Us:Music and Meaning Among Springsteen Fans[J].Ethnomusicology,1998,45(2).

[17] Horton D.,Wohl R.R.Mass Communication and Para-Social Interaction[J]. Psychiatry,1956,19(3).

[18]Costello V.,Moore B.Cultural Outlaws:An Examination of Audience Activity and Online Television Fandom[J].Television and New Media,2007,8(2).

[19]Henry Jenkins.Art Happens Not in Isolation, But in Community: The Collective Literacies of Media Fandom[J].Cultural Science Journal,2019,11(1):78-88.

[20]Bourdieu P.Sport and Social Class[J].Social Science Information,1978,17(6).

[21]Foroughi B.,Nikbin D.,Hyun S.S.,et al.Impact of Core Product Quality on Sport Fans'Emotions and Behavioral Intentions[J]. International Journal of Sports Marketing and Sponsorship,2016,17.

[22]Madrigal R.Cognitive and Affective Determinants of Fan Satisfaction with Sporting Event Attendance[J].Journal of Leisure Research,1995,27(3).

[23] Yen C.C.,Ho L.H.,Hsueh Y.S.,et al.Impact of Japanese Professional Baseball Fans'Satisfaction on Sports Participation Behavior[J].Social Behavior and Personality:An International Journal,2012,40(9).

[24]James J.D.,Ross S.D.Comparing Sport Consumer Motivations Across Multiple Sports[J].Sport Marketing Quarterly,2004,13(1).

[25] Han D.,Mahony D.F.,Greenwell T.C.A Comparative Analysis of Cultural Value Orientations for Understanding Sport Fan Motivations [J].International Journal of Sports Marketing & Sponsorship,2016, 17(3).

[26] KITAMURA K.Comparative Analysis of Sport Consumer Motivations between South Korea and Japan[J].Sport Marketing Quarterly,2007,16(2).

[27]Yoshida M.,Gordon B.S.,Nakazawa M.Conceptualization and Measurement

of Fan Engagement:Empirical Evidence from a Professional Sport Context[J].
Journal of Sport Management,2014,28(4):399-417.

[28]Giampiccoli A.,Lee S.S.,Nauright J.Destination South Africa: Comparing Global Sports Mega Events and Recurring Localized Sports Events in South Africa for Tourism and Economic Development[J]. Current Issues in Tourism,2015,18(3).

[29]Stavros C.,Meng M.D.,Westberg K.,Farrelly F.Understanding Fan Motivation for Interacting on Social Media[J].Sport Management Review,2014,17(4).

[30]Esmonde K.,Cooky C.,Andrews D.L.That's Not the Only Reason I'm Watching the Game:Women's(Hetero)sexual Desire and Sports Fandom [J].Journal of Sport & Social Issues,2018,42(6).

[31] Sveinson K.,Hoebe R.L.Female Sport Fans'Experiences of Marginalization and Empowerment[J].Journal of Sport Management, 2016,30(1).

[32]Branscombe N.R.,Wann D.L.The Positive Social and Self-Concept Consequences of Sports Team Identification[J].Journal of Sport & Social Issues, 1991,15(2).

[33]Carter D.Living in Virtual Communities:An Ethnography of Human Relationships in Cyberspace[J].Information,Community & Society,2005(2).

[34] Cavicchi D.Tramps Like Us:Music and Meaning Among Springsteen Fans[J].Ethnomusicology,1998,45(2).

期刊类

[1]王成兵.对当代认同概念的一种理解[J].学习与探索，2004（06）.

[2]胡泳.比特城里的陌生人[J].读书，2007，(09).

[3]张小林.国外体育迷研究的热点、网络与趋势：基于Web of Science核心数据库(1975—2019)的知识图谱分析[J].成都体育学院学报，2020，46(05).

[4] 陶东风.粉丝文化研究：阅读— 接受理论的新拓展[J].社会科学战线，2009(07).

[5] 亨利·詹金斯.大众文化：粉丝、盗猎者、游牧民：德塞都的大众文化审美[J].杨玲，译.湖北大学学报（哲学社会科学版），2008，35（4）.

[6] 李海荣.青少年社会化与第一人格偶像崇拜[J].宁夏社会科学，1988(6).

[7] 岳晓东.青少年偶像崇拜与榜样学习的异同分析[J].青年研究，1999(07).

[8] 孙慧英.漫谈"粉丝"现象及其文化解读[J].现代传播(中国传媒大学学报)，2006(06).

[9] 蔡骐，欧阳菁.粉丝文化：一种社会学的解读[J].社会学家茶座，2007(3).

[10] 蔡骐.大众传播中的明星崇拜和粉丝效应[J].湖南师范大学社会科学学报，2011，40(01).

[11] 蔡骐.社会化网络时代的粉丝经济模式[J].中国青年研究，2015(11).

[12] 朱丽丽，韩怡辰.拟态亲密关系：一项关于养成系偶像粉丝社群的新观察，以TFboys个案为例[J].当代传播，2017(06).

[13] 赵丽瑾，侯倩.跨媒体叙事与参与式文化生产：融合文化语境下偶像明星的制造机制[J].现代传播(中国传媒大学学报)，2018，40(12).

[14] 闫方洁."养成系"偶像及其"粉丝"文化的生成机制与内在逻辑：基于技术、文化与心理的多重视角[J].思想理论教育，2021(08).

[15] 陈昕.情感社群与集体行动：粉丝群体的社会学研究：以鹿晗粉丝"芦苇"为例[J].山东社会科学，2018(10).

[16] 马志浩，林仲轩.粉丝社群的集体行动逻辑及其阶层形成：以SNH48Group粉丝应援会为例[J].中国青年研究，2018(06).

[17] 王艺璇.网络时代粉丝社群的形成机制研究：以鹿晗粉丝群体"鹿饭"为例[J].学术界，2017(03).

[18] 吕鹏，张原.青少年"饭圈文化"的社会学视角解读[J].中国青年研究，2019(05).

[19] 季为民.警惕"饭圈"乱象侵蚀青年一代价值观[J].人民论坛，2021(10).

[20] 吴炜华，张海超.社会治理视阈下的"饭圈"乱象与文化批判[J].当代电视，2021(10).

[21] 胡剑.不良饭圈文化治理机制构建研究[J].当代电视，2021(10).

[22] 何明敏."北京怀旧"与认同危机：对近年"京味话剧"的深层解读[J].清华大学学报(哲学社会科学版)，2015，30(01).

[23] 尹弘飚，操太圣.课程改革中教师的身份认同：制度变迁与自我重构[J].教育发展研究，2008(02).

[24] 白君玲，刘德佩.球迷骚乱的心理过程与管理对策[J].体育科学，1988(03).

[25] 王随芳."互联网+"背景下新媒介体育传播与体育迷互动关系探析[J].新闻爱好者，2020(07).

[26] 郭思彤，安德鲁·比林斯，尼古拉斯·布泽利.老年体育迷的集体自尊与孤独感：社交媒体使用的影响[J].成都体育学院学报，2020，46(05).

[27] 庞晓玮，杨剑锋.媒体拟态环境中的女性体育迷[J].青年记者，2016(35).

[28] 冯瑞.体育迷的身份认同维度研究[J].成都体育学院学报，2014，40(11).

[29] 辛小利.新媒体环境下的受众研究范式转换与创新[J].国际新闻界，2014，36(09).

[30] 王瑜.我国体育赛事传播的发展历程及特点解析[J].新闻界，2013(10).

[31] 魏伟.1923—1949年我国体育广播发展分析[J].体育文化导刊，2010(07).

[32] 王真真，张大超.体育突发事件中我国网民的情感选择和社会动员：以莫雷事件为例[J].武汉体育学院学报，2020，54(05).

附 录

附录　A

篮球迷访谈提纲

1.您的性别、年龄、所在地和目前所从事的职业/专业是什么？

2.您觉得自己是一个篮球迷吗？如果是的话，您觉得什么样的人我们可以称呼他/她为篮球迷？如果不是的话，您如何看待自己与篮球间的关系？

3.您对篮球或者对于篮球相关的人、事、物是一种什么样的情感认知？您最喜欢篮球的什么（如球星、球队、俱乐部、文化等）？

4.您是怎么成为篮球迷的？您觉得自己为什么会成为篮球迷？

5.您觉得自己会一直都是篮球迷吗？有没有想过在未来的某一天自己不再是篮球迷了？为什么？

6.您主要是通过哪一些线上的渠道来获取与篮球相关的资讯？

7.如果您主要是通过虎扑社区/腾讯社区/百度贴吧等网络体育社区或论坛来获取篮球相关资讯，那么您会在这类平台注册账号吗？您登录这类平台的频率是多久一次？您在这类平台上主要都做些什么？

8.如果您主要是通过新浪微博平台来获取篮球相关资讯，那么您有新浪微博账号吗？若有的话，您会在您的新浪微博账号上发布与篮球相关的博文吗？发的话，您希望发给谁看？您在乎自己微博账号的粉丝数量吗？你觉得粉丝数量代表了什么？

9.如果您主要通过微信群或者QQ群来获取篮球相关资讯，那么您现在一共加入了多少个篮球迷的微信群或者QQ群？您平时在这类群中都做些什么？

10.您会在网上晒自己的球迷身份吗？若有的话，您会在哪些平台展示？若没有，能谈下原因吗？

11.您有过与篮球相关的消费行为吗（如购买球衣、球鞋、应援等）？您如何看待这些消费行为？

12.您有进行过与篮球相关的创作行为吗（如制作技战术视频、手工、同人小说等）？若有的话，您会希望将这些展示给其他人看吗？为什么？

13.您有参加过 NBA中国赛或者球星见面会之类的活动吗？有什么体验或者感受？参加这些活动时您会自拍吗？您是怎么看待这种行为的？如果您自拍

了，您会将其上传或者分享吗？如果没有，能谈下原因吗？

14. 您觉得成为篮球迷有给您带来什么改变或者影响吗？请具体谈谈。

15. 您觉得自己在网上以篮球迷身份呈现的形象与真实的自己有差别吗？若有，差别是在哪里？您觉得是什么导致了这种差别？您更喜欢哪个自己？为什么？

16. 您了解篮球迷组织吗（如"詹蜜""科密""库蜜等"）？您是怎么看待这些球迷群体的？

17. 您觉得当篮球迷是一个人的事还是一群人的事？为什么？

18. 您与其他的篮球迷有过交流互动吗？有的话，是以什么方式呢？

19. 您是如何加入网上篮球迷社群的？您对虎扑社区/腾讯体育社区/百度贴吧有过哪些体验？

2. 您认为自己在网络篮球迷社区/篮球迷群中是一个什么样的形象？您在意其他篮球迷如何看待你吗？您是怎么看待其他篮球迷的？

21. 您觉得篮球迷有标签吗（如 NBA 球迷、CBA 球迷等）？如果有，是什么？为什么？

22. 您觉得篮球迷群里有等级存在吗？若有的话，您觉得这种等级是怎么确立的？您觉得自己在篮球迷群内处于什么等级？为什么？

23. 您有在篮球迷群内担任过管理员的角色吗？如果有，能具体谈谈吗？

24. 您觉得其他明星（如歌手、影视明星等）可以与篮球产生交集或互动吗？如果不可以，能谈下原因吗？

25. 您有参加过篮球迷群应援之类的活动吗？有的话请详细描述下。

26. 您有过与其他篮球迷从线上发展为线下好友吗？有的话请详细谈谈。

附录　B

篮球迷访谈知情同意书

尊敬的　　　　　　先生/女士，

您好！十分感谢您在百忙之中抽空参与我的研究。我的研究方向为"网络空间视阈下中国篮球迷群的身份认同建构研究"。下面请容许我向您介绍下本研究的数据收集时间、内容以及方式：

本研究计划访谈数据收集时间为1年，即2020年10月至2021年9月。

研究预计请您接受：

一到两次访谈，每次一个半小时左右，以线上沟通或者面对面沟通的形式进行。

您对本研究的参与是完全自愿的，您可以随时退出访谈。如您在任何时间，对研究的任何部分存有疑虑，都可以随时与本人沟通，要求进行解答。

您为本研究提供的任何信息或资料数据，本人承诺只限于本研究使用，并且绝对保密。语音、文字信息都将加密储存于本人电脑，不会分享给其他任何人，也不会在公开场合去观看、收听，更不会在网络上进行分享。

您的真实姓名不会出现在研究成果中，而是使用匿名代替，以保护您的隐私信息。

再次感谢您同意参与本人的研究，在研究过程中，如您有任何疑问，可以通过以下方式随时与本人联系：

访谈者：姚鹏

访谈对象：